Invitation au français

JUNIOR CERTIFICATE FRENCH

PHILIPPE HAMEL

MENTOR BOOKS
43 Furze Road, Sandyford Ind. Est. Dublin 18
Tel: (01) 2952 112/3   Fax: (01) 2952 114
www.mentorbooks.ie
e-mail: admin@mentorbooks.ie

Published in 2000 by

MENTOR BOOKS
43 Furze Road
Sandyford Industrial Estate
Dublin 18
Tel: 01–2952 112 / 3
Fax: 01–2952 114

Website: www.mentorbooks.ie
e-mail: admin@mentorbooks.ie

All Rights Reserved

Edited by: Claire Haugh
Design and Layout by: Kathryn McKinney

Illustrations
Ann Kennedy
Nicola Sedgwick
Ann Stritch

ISBN: 1–84210–017–3

© Philippe Hamel 2000

Printed in Ireland by ColourBooks Ltd.

1 3 5 7 9 10 8 6 4 2

Acknowledgements
The author would like to thank M. Yves Lefebvre for kind permission to reproduce pictures from his private collection.
 The publishers wish to thank the following newspapers and magazines for kind permission to reproduce copyright material.
Le Havre Libre – Le Courrier Cauchois – Paris, Normandie – Femme Actuelle – Maxi – Voici – Sports Magazine – Télé 7 Jours
Draft banknote design © European Monetary Institute, 1997 /
European Central Bank, 1998

Invitation au français

Regular contact between Ireland and France goes back at least fifteen centuries.

Saint Patrick is thought to have been born in France (or Wales!).

During the Dark Ages (6th and 7th centuries AD) Irish monks travelled across France and founded monastaries.

In 1578 John Lee from Waterford founded the Irish College in Paris where young Irish people could further their education. This college is still open today as a hostel.

In the 17th and 18th centuries Kings Louis XIV and XV had an Irish brigade in their armies.

Nowadays, in a peaceful Europe, Irish and French people meet on the rugby pitch, in holiday camps and on the sandy beaches of the Atlantic and Mediterranean coasts.

In the 18th century Irish emigrants went to France, bought châteaux and vineyards. They started producing wine and brandy. They are often called the 'wine geese'.

Daily commercial and cultural exchanges enrich both countries. Knowledge of each other's language has therefore never been more important.

During the First World War many Irish soldiers in the British army fought beside French soldiers against the Germans.

In 1798 General Humbert landed at Killala with a French force to support Irish rebels.

3

When you speak English you use many words and expressions which *sound* French when you speak, and *look* French when you write. Here are some recently adopted words and phrases commonly used in English:

Ambiance	Garage	Bon voyage	Par excellence
Baguette	Impasse	Carte blanche	Petit filou
Bureau	Omelette	Déjà vu	Pièce de résistance
Camouflage	Massage	En suite	Prêt à porter
Collage	Piste	Esprit de corps	Tour de France
Crêpe Suzette	Sabotage	Fromage frais	
Ensemble	Soufflé	Laissez faire	
Entrepreneur	Visage	Nouvelle cuisine	

There are many other words and expressions. Can you find a few more?

Omelette	Début	Bistrot	
Pâté	De luxe	Café	
Pot pourri	Eau de toilette	Chauffeur	
Répondez Si Vous Plaît (RSVP)	Encore	Chef	
Restaurant	Grand prix	Croissant	
	Mardi gras	Cul de sac	

(second table printed upside-down in original)

In the same way that English has adopted many French words, the French language has taken many words from English and integrated them into everyday speech:

Bulldozer	Flirt	Marketing	Shopping
Chewing gum	Football	Penalty	Sexy
Cool	Gangster	Rugby	Sandwich
Corner	Hall	Scooter	Toast
Fair play	Juke-box	Shorts	Walkman

Look at the following sentences:

– Je prépare le dîner.
– Je présente ma fiancée à mes parents.
– J'admire les photos en couleurs.
– Mon oncle répare la bicyclette de mon cousin.
– Mes grands-parents visitent le musée d'art moderne.
– Ma cousine étudie la géographie à l'université
– Le docteur examine le patient à l'hôpital.

You can more or less understand what they mean, can't you? You will read many more sentences like these in *Invitation au français* and they will make learning French easier for you — and lots of fun too.

Bon courage

Philippe Hamel

Contents

Introduction 3

Unité 1   **Bonjour! Je m'appelle François** 7
     Les pronoms TU et VOUS 17
     Les pronoms IL, ELLE, ILS, ELLES 23

Unité 2   **J'habite à Paris** 26
     Les verbes réguliers (le premier groupe) 33
     Le verbe AVOIR 38
     Le masculin et le féminin 44

Unité 3   **Voici une photo de ma famille** 48
     Le verbe ETRE 53
     La forme négative d'AVOIR 55
     Les adjectifs possessifs 60

Unité 4   **J'aime bien les chats** 69
     Les pluriels irréguliers 73
     Les adjectifs 79
     La préposition DE 84

Unité 5   **Viens visiter ma maison** 89
     Les questions 93
     Les prépositions 99
     Le verbe FAIRE 104
     La phrase négative 105

Unité 6   **Où est-ce que tu vas?** 108
     Le verbe ALLER 111
     La préposition 'à' 114
     La question 'Où...?' 'Où est-ce que...?' 120

Unité	7	**Nous sommes sportifs** **124**
		Le verbe DEVOIR 130
		La question 'Quand...?' 133
		Les adjectifs démonstratifs 136

Unité	8	**Ton école finit à quelle heure?** **140**
		Les verbes réguliers (le deuxième groupe) 146
		Le verbe PRENDRE 150

Unité	9	**Il fait beau aujourd'hui** **156**
		Le verbe VOIR 166

Unité	10	**Je suis à la mode** **171**
		Le verbe METTRE 176
		'Je voudrais...' 181
		L'adjectif irrégulier BEAU 182

Unité	11	**Je vais faire des courses** **187**
		Le verbe ACHETER 192
		L'article partitif 194
		Les verbes réguliers (le troisième groupe) 196

Unité	12	**Qu'est-ce qu'il y a à manger?** **205**
		Les verbes MANGER et BOIRE 209
		La préposition 'à' 216

Unité	13	**Ma routine matinale** **223**
		Les verbes réfléchis 228
		Le verbe CONDUIRE 235

Unité	14	**Tu as beaucoup de temps libre?** **238**
		Les verbes LIRE et SORTIR 241
		Le pronom ON 246

Unité	15	**Mes projets de vacances** **253**
		Le futur immédiat 257
		Quelques questions 264

Unité	16	**J'ai organisé une boum** **268**
		Le passé composé 274

Unité 1

Bonjour! Je m'appelle François

When they greet each other, at any time of the day, French people may appear rather formal. Men and boys always shake hands; they call this custom 'serrer la main'. Women and girls may kiss when they know each other well enough. A boy who knows a girl well (a school friend for instance) may kiss her twice or even three times on the cheek: this habit of kissing is called 'faire la bise'.

In this chapter you will learn how to:
- greet your friends
- ask them how they are
- say how you are
- say your name
- say how old you are
- say where you come from.

In the grammar section, you will learn about:
- pronouns
- numbers up to twenty
- the alphabet
- how to spell your name.

BONJOUR! JE M'APPELLE FRANÇOIS

Ecoutez et Répétez

1
— Bonjour, ça va?
— Oui, ça va.

2

— Salut, François. Ça va?
— Oui, ça va. Et toi, Patrick?
— Moi, ça va bien.

3
— Bonjour, Corinne. Comment ça va?
— Ça va très bien, merci. Et toi, Sophie?
— Ça va assez bien.

4

— Bonjour, Julie. Comment vas-tu?
— Je vais assez bien. Et toi?
— Moi, je vais très bien.

5
— Bonjour, Monsieur Deschamps. Comment allez-vous?
— Bonjour, Madame Lavigne. Je vais très bien, merci. Et vous?
— Moi, je vais plutôt mal. J'ai des problèmes.

pas trop mal – *not too badly*
assez bien – *fairly well*
plutôt mal – *rather badly*

APPRENEZ L'ESSENTIEL

– Bonjour
– Bonsoir
– Au revoir   } Monsieur / Madame / Mademoiselle.
– S'il vous plaît
– Merci

– Ça va?
– Ça va (très/assez) bien.

– Comment ça va?
– Ça va (très/assez) mal.

– Comment vas-tu? (to a friend)
– Je vais bien.

– Comment allez-vous? (to a stranger)
– Je vais mal.

LISEZ

When you meet people for the first time, it is polite to say:
– Bonjour, Monsieur (to a man)
– Bonjour, Madame (to a woman)
– Bonjour, Mademoiselle (to a young woman)

You should also use the person's name:
– Bonjour, Patrick.
– Bonjour, Madame Lavigne.

Saying 'Bonjour' on its own sounds a little abrupt or gruff. It is better to add 'Monsieur', 'Madame', 'Mademoiselle' or the person's name if you know it. It sounds more friendly. Do the same thing when saying 'Good evening', 'Goodbye', 'Good night', 'Please' or 'Thank you'.

– Bonsoir, Monsieur / Madame / Mademoiselle.
– Au revoir, Monsieur / Madame / Mademoiselle.
– Bonne nuit, Catherine.
– S'il vous plaît, Monsieur / Madame / Mademoiselle.
– Merci, Monsieur / Madame / Mademoiselle.

To say 'Hello' and 'Goodbye' to your friends, you can say 'Salut'.
It is less formal than 'Bonjour' or 'Au revoir'.

BONJOUR! JE M'APPELLE FRANCOIS

ECOUTEZ

Write whether these people meet in the morning / in the evening and whether each person is doing well / very well / fairly well / poorly / very poorly.

		When?	How well?
1	Michel	…………	…………
2	Catherine	…………	…………
3	Véronique	…………	…………
4	François	…………	…………
5	Mme Lavigne	…………	…………
6	M. Lambert	…………	…………

Ecrivez

Your friends say hello and ask how you are.
How would you answer in the following circumstances?

1) You have just passed an important exam.
   – Salut. Ça va?
   – _____

2) You are cold and tired.
   – Bonjour. Comment ça va?
   – _____

3) You have just won the lotto.
   – Salut. Comment vas-tu?
   – _____

4) You have a very nasty toothache.
   – Bonjour. Comment vas-tu?
   – _____

INVITATION AU FRANCAIS

Ecrivez

HOW WOULD YOU SAY . . . ?
– Good morning to a woman   _____
– Good evening to a man   _____
– Goodbye to a young woman   _____
– Thank you to Patricia   _____
– Hello to your friend François   _____
– Good night to your friend Marie _____

Ecrivez

Rewrite these two dialogues in the correct order.

① – Ça va assez bien. Merci.
   – Salut, Claudine. Comment ça va?
   – Salut, Pierre. Ça va bien. Et toi?

   _____
   _____
   _____

② – Moi? Je vais assez bien, merci.
   – Je vais bien. Et toi?
   – Bonjour, Suzanne. Comment vas-tu?

   _____
   _____
   _____

③ – Moi aussi, je vais bien. Merci.
   – Bonjour, Monsieur Laforge. Je vais bien. Et vous?
   – Bonjour, Madame Maréchal. Comment allez-vous?

   _____
   _____
   _____

DIALOGUE

**You are meeting your friend on your way to school.
Imagine the dialogue between the two of you.**

– You say hello to your friend
– Your friend says hello and asks how you are.
– You tell him/her how you feel (good or bad). Ask how he/she is.
– Your friend answers.

BONJOUR! JE M'APPELLE FRANCOIS

Ecrivez

Hello, how are you? Write in the bubbles what they are saying.

INVITATION AU FRANCAIS

Ecoutez et Répétez

1
— Bonjour. Je m'appelle Jacques. Et toi?
— Moi, je m'appelle Michel.

2

— Tu t'appelles comment?
— Je m'appelle Sandrine.

3
— Bonjour, Monsieur. Vous vous appelez comment?
— Je m'appelle Georges Michaud.

4

— Bonjour, Mademoiselle. Vous vous appelez comment?
— Je m'appelle Monique Chabert.

5
— Tu as quel âge, Véronique?
— J'ai seize ans et demi.
— Et toi, Pierre, tu as quel âge?
— J'ai quinze ans.

13

BONJOUR! JE M'APPELLE FRANCOIS

6

– Tu t'appelles comment?
– Moi, je m'appelle Bruno.
– Tu as quel âge, Bruno?
– J'ai seize ans.
– Tu es français?
– Oui, je suis français.

7

– Et toi, tu t'appelles comment?
– Je m'appelle Fiona.
– Bonjour, Fiona. Tu as quel âge?
– J'ai presque dix-sept ans.
– Tu es française?
– Non, je suis irlandaise.

presque – *almost*

8

– Salut. Je m'appelle Marc. Je viens de Paris. Et toi?
– Moi, je m'appelle Sean.
– Tu viens d'où?
– Je viens de Dublin.
– Tu es irlandais?
– C'est ça. Je suis irlandais.

C'est ça – *That's right*

9

– Vous vous appelez comment?
– Je m'appelle Monique Goddard.
– Vous venez d'où, Mademoiselle Goddard?
– Je viens de Toulouse.
– Vous êtes française?
– Oui, je suis française.
– Vous avez quel âge?
– J'ai vingt-sept ans.

APPRENEZ L'ESSENTIEL

 ECOUTEZ ET APPRENEZ LES NOMBRES

		0 ZÉRO		
1 UN	2 DEUX	3 TROIS	4 QUATR	5 CINQ
6 SIX	7 SEPT	8 HUIT	9 NEUF	10 DIX
11 ONZE	12 DOUZE	13 TREIZE	14 QUATORZE	15 QUINZE
16 SEIZE	17 DIX-SEPT	18 DIX-HUIT	19 DIX-NEUF	20 VINGT

– Tu t'appelles comment?
– Je m'appelle Micheline.

– Vous vous appelez comment, Monsieur?
– Je m'appelle Hubert Lagrange.

– Tu as quel âge?
– J'ai douze ans (et demi).

– Vous avez quel âge, Mademoiselle?
– J'ai vingt-cinq ans.

– Tu viens d'où?
– Je viens de Paris

– Vous venez d'où, Madame?
– Je viens de Bordeaux.

– Tu es français, Patrick?
– Non, je suis irlandais.

– Tu es française, Deirdre?
– Non, je suis irlandaise.

– Vous êtes français, Monsieur Beaudouin?
– Oui, je suis français.

– Vous êtes française, Madame Lafont?
– Oui, je suis française.

BONJOUR! JE M'APPELLE FRANCOIS

APPRENEZ L'ESSENTIEL

 ECOUTEZ ET APPRENEZ L'ALPHABET

A B C D E F G H I J K L M
N O P Q R S T U V W X Y Z

é = E accent aigu   â = A accent circonflexe
è = E accent grave   ô = O accent circonflexe
ê = E accent circonflexe   ç = C cédille

— Tu t'appelles comment?
— Je m'appelle Véronique.
— Ça s'écrit comment?
— Ça s'écrit V E accent aigu R O N I Q U E.

— Tu t'appelles comment?
— Je m'appelle Jérôme.
— Ça s'écrit comment?
— J E accent aigu R O accent circonflexe M E.

— Tu t'appelles comment?
— Mon prénom, c'est Adèle.
— Ça s'écrit comment?
— Ça s'écrit A D E accent grave L E.
— Et ton nom de famille?
— C'est Laforêt. Ça s'écrit L A F O R E accent circonflexe T.

INVITATION AU FRANCAIS

ECOUTEZ
Fill in the names of the following young people in the correct columns.

Un garçon (a boy)	Une fille (a girl)
....	....
....	....
....	....
....	....
....	....

LA GRAMMAIRE

Les pronoms 'TU' et 'VOUS'

French has two pronouns to express the English pronoun 'you'. Which one you use depends on who you are talking to.

○ If you are talking to a friend, a schoolmate, a member of your family, a relative, somebody your own age, or even a pet like your cat or your dog, use the pronoun 'tu'.
- Tu es français, Michel?
- Tu vas bien, Papa?
- Tu viens de Paris, Claudine?

○ If you are talking to an adult you are not related to, or a total stranger, use the pronoun 'vous'.
- Vous vous appelez comment, Madame ?
- Vous venez d'où, Monsieur Maréchal ?
- Vous êtes suisse, Madame Lebrun ?

○ If you are talking to two or more people, use 'Vous'.
- Vous avez quel âge, Pierre et Daniel?
- Vous êtes irlandais, Michael et Seán?
- Vous venez d'où, Monsieur et Madame Duparc?

TU

VOUS

TU

VOUS

BONJOUR! JE M'APPELLE FRANÇOIS

Ecrivez

For each picture indicate whether you would say 'tu' or 'vous', then give a reason for your answer.

1.
2.
3.
4.

5.
6.
7.
8.

INVITATION AU FRANÇAIS

Ecoutez et Lisez

LES FRANCOPHONES: ILS PARLENT FRANÇAIS

1

Bonjour.
Je m'appelle Guillaume Cartier. Je viens de Colmar en Alsace et je suis français. J'ai dix-sept ans et demi. Je parle français.

2

Salut.
Moi, je m'appelle Christine Delatour et j'ai quatorze ans. Je viens de Genève en Suisse. Je suis de nationalité suisse. Je parle français et allemand.

3

Bonjour à tous.
Je m'appelle Jérôme Marchant et j'ai seize ans et demi. Je viens de Bruxelles, la capitale de la Belgique. Je suis belge. Je parle français et flamand..

4

Salut.
Moi, je m'appelle Bruno Clément et j'ai presque vingt ans. Je viens de Montréal, la capitale du Québec. Le Québec est une province du Canada. Je suis canadien. Je parle français et anglais.

BONJOUR! JE M'APPELLE FRANCOIS

5 Bonjour, tout le monde. Je m'appelle Zoé Thiam et j'ai dix-huit ans. Je viens de Dakar au Sénégal. Le Sénégal est en Afrique occidentale. Je suis sénégalaise. Je parle wolof et français.

Tout le monde – *everybody*

6 Bonjour, je m'appelle Malika Hamraoui et j'ai douze ans. Je viens de Marrakech, une grande ville au Maroc, en Afrique du Nord. Je suis marocaine. Je parle arabe et français.

Fill in the grid using the information given by those Francophones.

	Prénom	Nom	Age	Ville	Pays	Langue(s)
1						
2						
3						
4						
5						
6						

INVITATION AU FRANCAIS

ECOUTEZ

Listen to these six people and fill in the box below.

		Age	Country	Language(s)
1	Daniel	………	………	………
2	Hassan	………	………	………
3	Bertrand	………	………	………
4	Simone	………	………	………
5	Amidou	………	………	………

Ecrivez

Write what each of the following people say to describe themselves.

1 Sophie Lambert - 16 years old - French - from Paris - feeling well.

2 Marc Lagrange - 12½ years old - French - from Strasbourg - feeling very well.

3 Kieran O'Toole - 15 years old - Irish - from Galway - feeling rather well.

21

BONJOUR! JE M'APPELLE FRANCOIS

Ecoutez et Répétez

1
– Qui est-ce?
– C'est Karen.
– Elle a quel âge?
– Elle a vingt-neuf ans.
– Elle est française?
– Non, elle est irlandaise.
– Elle vient de Dublin?
– Non, elle vient de Cork.

2
– Qui est-ce?
– C'est Christophe.
– Il a quel âge?
– Il a vingt-neuf ans, je crois.
– Il vient d'où?
– Il vient de Paris.
– Il est français?
– Oui, il est français.

Je crois – *I believe*

3
– Il s'appelle Lucas Pasquinel et il a dix-huit ans. Il vient de Montréal au Canada, mais en ce moment il est à Bordeaux. Il étudie la littérature française à l'université de Bordeaux.

4
– Elle s'appelle Noémie Martin. Elle vient de Namur en Belgique et elle a presque vingt ans. En ce moment, Noémie est à Bruxelles. Elle étudie l'histoire de l'Europe à l'université de Bruxelles.

INVITATION AU FRANÇAIS

——— LA GRAMMAIRE ———

Les pronoms IL, ELLE, ILS, ELLES

A pronoun is a word that can replace a full noun. Go back over page 22 *Ecoutez et Répétez* then find out:

- which pronoun is used to talk about a male person.
- which pronoun is used to talk about a female person.

○ In the conversations, Karen and Noémie are each referred to as 'elle'. Christophe and Lucas are each referred to as 'il'.
○ Remember 'il' and 'elle' become 'ils' and 'elles' when more than one male or more than one female are involved.
○ When talking about a mixed group of males and females, use 'ils'.

Ecrivez

Use the pronouns il / elle / ils / elles to answer 'Oui' to the following questions.

Example: – Patricia vient de Paris?
– *Oui, elle vient de Paris.*

1) Catherine vient de Paris?

2) François va bien?

3) Mademoiselle Dupré a vingt ans?

4) Charles a quinze ans et demi?

5) Catherine est française?

6) Pierre et Jacques sont français?

7) Catherine et Sophie sont parisiennes?

8) Pierre et Catherine viennent de Montréal?

9) Edouard parle français?

BONJOUR! JE M'APPELLE FRANCOIS

Ecrivez

Write a few short sentences about these two students.

Derek - Irish -19 - comes from Wexford - he is in Cork - studies Irish literature.

_____
_____
_____

Cécile - French - 18 ½ - comes from Strasbourg - she is in Paris - studies history

_____
_____
_____

DIALOGUE

Your neighbour is a new pupil. Imagine the following dialogue.

- Say hello, then ask your neighbour his/her name.
- Your neighbour tells you his/her name.
- Ask your neighbour his/her age.
- He/she tells you his/her age.
- Ask him/her where he/she comes from.
- He/she answers.
- Ask your neighbour if he/she is Irish.
- He/she tells you that he/she is Irish.

Then two of you perform your dialogue in front of the whole class.

INVITATION AU FRANCAIS

ON S'AMUSE

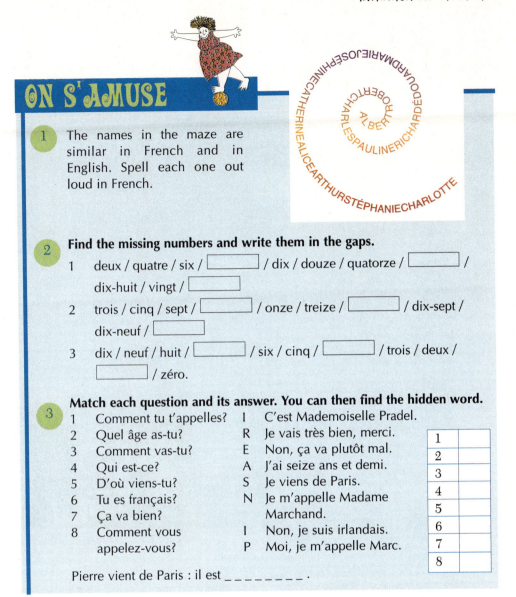

1. The names in the maze are similar in French and in English. Spell each one out loud in French.

2. **Find the missing numbers and write them in the gaps.**
   1. deux / quatre / six / ☐ / dix / douze / quatorze / ☐ / dix-huit / vingt / ☐
   2. trois / cinq / sept / ☐ / onze / treize / ☐ / dix-sept / dix-neuf / ☐
   3. dix / neuf / huit / ☐ / six / cinq / ☐ / trois / deux / ☐ / zéro.

3. Match each question and its answer. You can then find the hidden word.

1	Comment tu t'appelles?	I	C'est Mademoiselle Pradel.
2	Quel âge as-tu?	R	Je vais très bien, merci.
3	Comment vas-tu?	E	Non, ça va plutôt mal.
4	Qui est-ce?	A	J'ai seize ans et demi.
5	D'où viens-tu?	S	Je viens de Paris.
6	Tu es français?	N	Je m'appelle Madame Marchand.
7	Ça va bien?		
8	Comment vous appelez-vous?	I	Non, je suis irlandais.
		P	Moi, je m'appelle Marc.

1	
2	
3	
4	
5	
6	
7	
8	

   Pierre vient de Paris : il est _ _ _ _ _ _ _ _ .

Le français en classe

— Toc - Toc - Toc.
— Entrez. Asseyez-vous.
   En silence, s'il vous plaît.

Unité 2

J'habite à Paris

For administrative reasons, France nowadays is divided into 95 'départements' which are regrouped into 22 'régions', just like the Irish Republic is divided into 26 counties. However French people remain very much attached to their ancient provinces. Each province is proud of its unique historical development, its centuries-old local customs and even its own language. When asked where they come from, most French people will answer: 'Je suis breton' or 'Je suis normand' or 'Je viens d'Alsace' rather than 'Je suis du Finistère' or 'Je suis de Seine Maritime' or 'Je viens du Haut-Rhin'.

In this chapter you will learn how to:
- express where you live
- say where your town is situated
- say which type of house you live in
- list a few useful objects
- borrow from a friend.

In the grammar section, you will learn about:
- verbs in general
- the irregular verb AVOIR
- definite and indefinite articles
- masculine and feminine
- singular and plural.

INVITATION AU FRANCAIS

Ecoutez et Répétez

1
– Où est-ce que tu habites?
– J'habite à Rennes.
– C'est où, Rennes?
– C'est en Bretagne, dans **l'ouest** de la France.

2
– Tu habites à Paris?
– Non, j'habite à Dieppe.
– C'est où, Dieppe?
– C'est une grande ville en Normandie, dans **le nord** de la France.

3
– Où est-ce que vous habitez, Monsieur Schneider?
– J'habite à Strasbourg. C'est la capitale de l'Alsace, dans **l'est** de la France.

Nord • Oest • Est • Sud

4
– Où est-ce que vous habitez, Madame Moréno?
– J'habite à Saint Laurent.
– C'est où, Saint Laurent?
– C'est un petit village près de Bordeaux, en Aquitaine.
– C'est dans **le sud** de la France, n'est-ce pas?
– Oui, dans le sud-ouest.

5
– Monsieur et Madame Lafont, où est-ce que vous habitez?
– Nous habitons à Orléans.
– C'est où, Orléans?
– C'est une ville historique sur la Loire, **au sud** de Paris.
– C'est grand?
– Oui, assez grand.

n'est-ce pas? – *isn't it?*
assez grand – *fairly big*

27

J'HABITE À PARIS

6 Salut. Je m'appelle Micheline. J'ai vingt-cinq ans. J'habite à Paris, la capitale de la France. Je suis française.

7

Bonjour. Je m'appelle Stéphane. J'ai quinze ans et j'habite à Manosque, une petite ville en Provence. Je suis français.

APPRENEZ L'ESSENTIEL

– Où est-ce que tu habites?
– J'habite à Paris.

– Où est-ce que vous habitez?
– J'habite en Normandie.

– Où est-ce que vous habitez, Pierre et Catherine?
– Nous habitons à Strasbourg.

– C'est dans le nord / le sud / l'ouest / l'est / le centre de la France.
– C'est au nord / au sud / à l'ouest / à l'est de Paris.
– C'est une grande ville / un petit village / près de Paris / en France / en Normandie / en Bretagne / sur la Seine / en Irlande

For a town: J'habite **à** Paris / **à** Bordeaux / **à** Dublin.
For a country: J'habite **en** France / **en** Irlande.

ECOUTEZ

Où est-ce que vous habitez?

		Age	Town	Province	Location
1	Pierre	.....	.....	.....	.....
2	Claudine	.....	.....	.....	.....
3	Rémy	.....	.....	.....	.....
4	Lucie	.....	.....	.....	.....
5	André	.....	.....	.....	.....
6	Marielle	.....	.....	.....	.....

INVITATION AU FRANÇAIS

LISEZ

Salut! Je m'appelle Eric et j'ai vingt-huit ans. J'habite à Saint-Flour. C'est une jolie petite ville en Auvergne, dans le centre de la France. En Auvergne, il y a des volcans. Pas de danger: ils sont éteints.

Bonjour. Moi, je m'appelle Alice et j'ai quinze ans et demi. J'habite à Sévigné, un petit village près de Rennes, la capitale de la Bretagne, dans l'ouest de la France. Je suis bretonne, et je parle français et breton.

Elle s'appelle Amandine, et elle a presque seize ans. Elle habite à Rouen, une grande ville sur la Seine. Rouen est la capitale de la Normandie, une province dans le nord de la France. Amandine est normande.

éteint – *extinct*
sur – *on*
joli-e – *pretty*

J'HABITE À PARIS

Je m'appelle Arthur Weinberger et je suis alsacien. J'ai dix-huit ans. J'habite à Colmar. C'est la seconde ville d'Alsace. Colmar est une grande ville située au sud de Strasbourg, la capitale de la province.

Lui, il s'appelle Henri Mérignac et il a onze ans. Henri habite à Saint-Gervais. C'est un petit village pittoresque près de Chamonix dans les Alpes. Saint-Gervais est en Savoie, une province dans le sud-est de la France. Henri est savoyard.

Répondez

1. Why is there no danger from volcanoes in Auvergne?
2. What languages does Alice speak?
3. Where is Rouen situated?
4. Name the first city in Alsace.
5. What kind of a place is Saint-Gervais?

Ecrivez

Each sentence contains one element that is wrong. Find this element then rewrite the full correct sentence in your copy.

Example: – St. Flour est une *grande* ville en Auvergne.
– St. Flour est une petite ville en Auvergne.

1. L'Auvergne est dans le sud de la France.
2. Alice, a seize ans.
3. Sévigue est une ville près de Rennes.
4. La Bretagne est dans le nord de la France.
5. Rouen est une petite ville en Normandie.
6. Amandine est bretanne.
7. Colmar est située au nord de Strasbourg.
8. Colmar est la capitale de l'Alsace.

INVITATION AU FRANCAIS

Ecrivez

Describe where the village is in relation to the town, then describe where the town is located in the country.

Example: – Ennis est près de Limerick. Limerick est dans l'ouest de l'Irlande.

1 _____
2 _____
3 _____
4 _____
5 _____
6 _____
7 _____

Ecrivez

Complete each sentence by filling in your own personal details.

Bonjour. Je m'appelle _____ (your christian name and surname) et j'ai _____ (your age) ans. Je viens de _____ (your town of origin) et j'habite à _____ (the place where you live). C'est (small village / big town) _____ près de _____ (name the nearest city) dans _____ (location) de l'_____ (Ireland).

31

J'HABITE À PARIS

Ecrivez

Il s'appelle . . .   Elle s'appelle . . .

In your copy write a few sentences about Jean-Louis, Sylviane, Lorna and Paul.

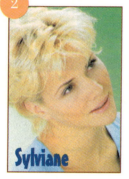
Jean-Louis

Nom de famille: Marais
Prénom: Jean-Louis
Nationalité: Français
Age: 17
Ville d'origine: Grenoble
Ville de résidence: Marseille
Région: Provence
Pays: France

Sylviane

Nom de famille: Chevalier
Prénom: Sylviane
Nationalité: Française
Age: 24
Ville d'origine: Paris
Ville de résidence: Lorient
Région: Bretagne
Pays: France

Nom de famille: O'Toole
Prénom: Lorna
Nationalité: Irlandaise
Age: 19½
Ville d'origine: Athlone
Ville de résidence: Tralee
Région: Kerry
Pays: Irlande

Lorna

Paul

Nom de famille: Kavanagh
Prénom: Paul
Nationalité: Irlandais
Age: 22
Ville d'origine: Carlow
Ville de résidence: Dundalk
Région: Louth
Pays: Irlande

INVITATION AU FRANCAIS

LA GRAMMAIRE

Les verbes réguliers (le premier groupe)
The VERB is the central word of the sentence. Most verbs describe actions or states. Your English – French dictionary gives you only the infinitive form of all verbs:
- To have – avoir
- To be – être
- To go – aller
- To come – venir
- To speak – parler

○ The *infinitive* is the form of the verb that has no tense and no person associated with it. In a sentence, the main verb is always conjugated, ie it has a tense and a person:
- I have – J'ai
- I am – Je suis
- I go – je vais
- I come – je viens
- I speak – Je parle

These verbs are conjugated in the present tense. When you conjugate, you bring the root of the verb, the tense and the person together. Some verbs are regular and their endings are predictable. Others are irregular and have to be learned off by heart.

The infinitive of the first group of regular verbs always ends with ER.
Example: CHANTER

Je chante	I sing / I am singing
Tu chantes	You sing/you are singing
Il chante	He sings/he is singing
Elle chante	She sings/she is singing
Nous chantons	We sing/we are singing
Vous chantez	You sing/you are singing (to a stranger or a group)
Ils chantent	They sing/they are singing (for a male or mixed group)
Elles chantent	They sing/they are singing (for a female group)

Note: The pronoun 'Je' loses its 'e' when the verb that follows it starts with a vowel or a silent 'h': Examples: J'arrive, J'abandonne, J'invente, J'habite.

J'HABITE À PARIS

Ecrivez

In your English – French dictionary find the French infinitives for the following verbs.

To speak = _____
To play = _____
To listen = _____
To walk = _____
To eat = _____
To look = _____

Ecrivez

Conjugate the verbs DANSER and SIGNER in the present tense.

DANSER
Je _____
Tu _____
Il _____
Elle _____
Nous _____
Vous _____
Ils _____
Elles _____

SIGNER
Je _____
Tu _____
Il _____
Elle _____
Nous _____
Vous _____
Ils _____
Elles _____

Ecrivez

Write the endings of these regular verbs.

– J'invent . . . .
– Tu arriv . . . .
– Elle visit. . . . .
– Nous admir . . . .
– Vous retourn . . . .
– Ils abandonn . . . .

Nous demand . . . .
Tu march . . . .
Il invent . . . .
Ils révis . . . .
Je visit . . . .
Vous arriv . . . .

INVITATION AU FRANCAIS

Ecoutez et Répétez

Moi, j'habite au centre-ville.

Toi, tu habites en banlieue?

Nous habitons à la campagne.

Monsieur et Madame Duparc habitent au bord de la mer.

Catherine habite à la montagne.

Vous habitez un appartement dans un grand immeuble.

35

J'HABITE À PARIS

Une maison? Quel type de maison?

J'habite une maison au centre-ville.

Sophie habite une grande ferme à la campagne en Normandie.

Nous habitons un pavillon en banlieue parisienne.

Monsieur et Madame Charles habitent un château au bord de la rivière.

Dracula habite un château dans la forêt.

Vous habitez un chalet à la montagne dans les Alpes?

INVITATION AU FRANCAIS

ECOUTEZ

For each person write what type of house he / she lives in and where the house is located.

		Type of house	Where located
1	Isabelle	....	....
2	Caroline	....	....
3	Edouard	....	....
4	Charles	....	....
5	Mme Mercier	....	....
6	M. Benoît	....	....

APPRENEZ L'ESSENTIEL

– J'habite une maison / un pavillon / une ferme / une villa / un chalet / un château / un appartement dans un immeuble.

– J'habite au centre-ville / en banlieue / à la campagne / à la montagne / au bord de la mer / dans la forêt.

– Nous habitons au bord de la mer / au bord d'un lac / au bord d'une rivière / au bord d'un canal.

Ecrivez

Write two short sentences to say where you live.

Example: – *J'habite un pavillon.*
– *Voici une photo de mon pavillon.*

1 _____

2  _____

3 _____

37

J'HABITE À PARIS

LA GRAMMAIRE

Le verbe AVOIR
The first irregular verb that you must learn off by heart is AVOIR 'to have'.

J'**ai**	I have
Tu **as**	You have (to a friend)
Il **a**	He has
Elle **a**	She has
Nous **avons**	We have
Vous **avez**	You have (polite or to a group)
Ils **ont**	They have (to a group of males, or males and females)
Elles **ont**	They have (to a group of females)

○ Note: In French you do not say 'I am fourteen' but 'I have fourteen years'.
 – J'ai quatorze ans.

Ecrivez

Complete the sentences, then read them aloud.

1. Nous _____ seize ans.
2. Francine _____ treize ans et demi.
3. Tu _____ quinze ans, toi aussi?
4. Vous _____ vingt ans, Mademoiselle?
5. Elle _____ douze ans, et moi, _____ quatorze ans.
6. Voici Patrick. Il _____ dix-huit ans.
7. Voici Michel et Pierre. Ils _____ onze ans et demi.
8. Paul et François _____ dix-sept ans.
9. Suzanne et Sophie _____ neuf ans.

INVITATION AU FRANCAIS

Ecrivez

Write the correct form of AVOIR in the blanks then read each sentence aloud.

1. Nous _____ une grande maison dans le centre-ville.
2. Marie est irlandaise; elle _____ un passeport irlandais.
3. J'habite à Paris; j' _____ un appartement dans un grand immeuble.
4. Madame Chabrol, vous _____ une villa au bord de la mer?
5. C'est Paul. Il _____ un petit château en Normandie.
6. Tu _____ quatorze ans, Joséphine?
7. Sophie et Véronique, vous _____ des passeports français?
8. C'est Christine. Elle _____ une jolie villa en Bretagne.

Ecoutez et Lisez

1

Moi, je m'appelle Micheline Kellec. Je suis bretonne et j'habite à Paimpol en Bretagne. C'est un village pittoresque situé dans le nord de la Bretagne, au bord de la mer. Nous avons une villa à Paimpol. Voici la photo de la villa.

39

J'HABITE À PARIS

2 Je m'appelle Lucas Fournier. J'habite à la campagne. Nous avons une petite ferme en Normandie. Voici une photo de la ferme. Elle est située à Elboeuf: c'est un joli petit village au bord de la Seine, près de Rouen.

3 Elle s'appelle Myriam et elle vient de Paris. Elle est parisienne et elle est très riche. Elle habite à Chamonix dans les Alpes, près de la frontière italienne. Elle habite un pavillon dans le centre-ville, mais elle a aussi un petit chalet à la montagne.

Myriam

4

Lui, il s'appelle Antoine Etchevaria. Il est basque et il habite à Biarritz dans le sud-ouest de la France, près des Pyrénées. Il a une grande et jolie maison au bord de l'Océan Atlantique.

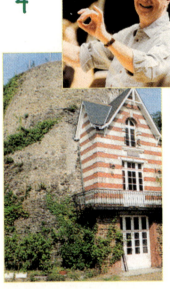

Répondez

1. Who are the two people who live by the sea?
2. Who does not live in her town of origin?
3. Where is the farm located?
4. Who owns two houses?
5. Where is Chamonix situated?
6. Which river flows through Elboeuf?

INVITATION AU FRANCAIS

Ecrivez

Study the *Ecoutez et Lisez* on page 39/40. Answer 'Oui' or 'Non' then complete each sentence using the pronouns 'il' or 'elle'. In the case of 'Non' answers, write the correct information.

Examples:
– Lucas a quatorze ans et demi?   – Lucas a quinze ans?
– *Oui, il a quatorze ans et demi.*   – *Non, il a quatorze ans et demi.*

1. Micheline habite dans le nord de la Bretagne?
   _____
2. Micheline a une ferme à Paimpol?
   _____
3. Lucas a une grande ferme en Normandie?
   _____
4. Lucas habite au bord de la Seine?
   _____
5. Myriam habite près de la frontière suisse?
   _____
6. Myriam a un pavillon à la montagne?
   _____
7. Antoine habite dans le sud-ouest de la France?
   _____
8. Antoine a une petite maison au bord de la mer?
   _____

Ecrivez

Où est-ce qu'ils habitent?
Complete the sentence to express where these people live.

Example:
Nous *habitons un château dans la forêt.*

1. J' _____   2. Vous _____
   _____   _____
   (farm in the country)   (villa by the sea)

41

J'HABITE À PARIS

3) Catherine _____
_____
(house in the town-centre)

4) Tu _____
_____
(chalet in the mountains)

5) Pierre _____
_____
(flat in a block)

6) Elles _____
_____
(house by the river)

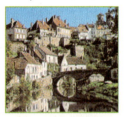

Ecoutez et Lisez

1
- Qu'est-ce qu'il y a dans ton cartable?
- Dans mon cartable, il y a un livre, un cahier, une trousse, une paire de ciseaux, une calculatrice, une agrafeuse, un sandwich, une orange, une bouteille de Coca, un baladeur, une cassette, un magazine sportif et une photo de Christine.
- Qu'est-ce qu'il y a dans ta trousse?
- Dans ma trousse, il y a un crayon, un stylo, une gomme, une règle et un taille-crayon.

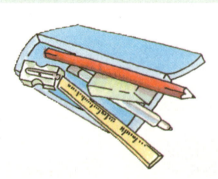

INVITATION AU FRANCAIS

2 Listen to each of the pupils who have forgotten different things.

– Eh, Michel, passe-moi un stylo, s'il te plaît.
– Tiens, voilà un stylo.

– Eh, Myriam, passe-moi une agrafeuse, s'il te plaît.
– Tiens, voilà une agrafeuse.

– Eh, Pierre, passe-moi une cassette, s'il te plaît.
– Désolé, je n'ai pas de cassette.

 ECOUTEZ
Write what the pupils are trying to borrow.
Tick if they receive it or not.

		Borrows	Receives it	Does not receive it
1	Catherine	......	......	......
2	Aurélie	......	......	......
3	David	......	......	......
4	Edouard	......	......	......
5	Martine	......	......	......
6	Jacques	......	......	......

Ask your friends to lend you various things that you need for class.
Of course your friends cannot always lend you what you ask for.

– Patricia, pass me a ruler, please.
– Here is a ruler.
– Tom, pass me a calculator, please.
– Here is a calculator.
– Jenny, pass me the scissors, please.
– Sorry, I do not have any scissors.

43

J'HABITE À PARIS

LA GRAMMAIRE

Le masculin et le féminin

You have certainly noticed small variations like:
- Paul est français / Sophie est française.
- Sean est irlandais / Fiona est irlandaise.
- Albert est normand / Amandine est normande.
- Pierre est parisien / Francine est parisienne.

In French, all the adjectives have two forms. When describing people, French makes a distinction between male and female, e.g. français/française, irlandais/irlandaise, normand/normande, parisien/parisienne.

○ This distinction, called gender, is generalised to all nouns:
- Un petit village / Une petite ville
- Un grand chalet / Une grande maison
- Un joli appartement / Une jolie villa

○ All French nouns (words naming persons, animals or things) are divided into genders, **masculine** and **feminine**. When you learn a new noun, you must also learn its gender (masculine or feminine). Do not learn 'château' or 'maison'; learn instead 'un château' or 'une maison'. The article ('un' for masculine and 'une' for feminine) tells you the gender of the noun.

○ There are two types of articles
Indefinite articles ('a' or 'some' in English)
UN (masculine) – UNE (feminine) – DES (plural)
Definite articles ('the' in English)
LE (masculine) – LA (feminine) – LES (plural).
LE and LA become L' when the noun begins with a vowel (a, e, i. o, u) or a silent h.

Examples: Une maison . . . . La maison de Pierre
Un château . . . . Le château de Dracula
Un appartement . . . . . L'appartement de Pierre
Un hôtel . . . . L'hôtel de Paris.
Une irlandaise . . . . L'irlandaise.
Des villages . . . . Les villages de Normandie.

INVITATION AU FRANCAIS

○ **The plural form of the noun** is used when more than one person, animal or thing are present. UN or UNE becomes DES. LE, LA and L' becomes LES.

Singular	Plural
C'est un village.	Ce sont des villages.
C'est une maison.	Ce sont des maisons.
C'est le chalet de Pierre.	Ce sont les chalets de Pierre.
C'est la ferme de Pierre.	Ce sont les fermes de Pierre.

○ When you speak, the plural is indicated by the change in the article. The pronunciation of the noun itself does not change.
○ When you write, regular nouns receive an 'S'. When the noun already ends with an 'S', it does not change. Example: un irlandais – des irlandais.

Ecrivez

Qu'est-ce que c'est? Write a sentence.
Examples:
– C'est un stylo. *C'est le stylo de Catherine*
– C'est une gomme. *C'est la gomme de Paul.*

1 _____
2 _____
3 _____
4 _____
5 _____
6 _____
7 _____
8 _____

J'HABITE À PARIS

Ecrivez

Describe the following objects.

Example: – *C'est une maison.*
– *Ce sont des cassettes.*

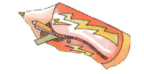  

INVITATION AU FRANCAIS

ON S'AMUSE

 Quiz

Example – Comment s'appelle la capitale de la France?
– *La capitale de la France s'appelle Paris.*

1. Comment s'appelle la capitale de la République d'Irlande?
2. Comment s'appelle la capitale de l'Espagne?
3. Comment s'appelle la capitale du Portugal?
4. Comment s'appelle la capitale de l'Italie?
5. Comment s'appelle la capitale de la Belgique?

Le mot caché. Join the two halves to make a sentence.

1. Nous habitons à Paris
2. Paul a un chalet
3. Orléans est une ville
4. J'ai un petit appartement
5. J'habite en Bretagne
6. Rouen est une grande ville
7. L'Auvergne est une province
8. Catherine habite une ferme
9. Fiona habite à Athlone

E une ville dans le centre de l'Irlande.
A au sud de Paris.
R à la campagne.
C la capitale de la France.
U dans un immeuble moderne.
H à la montagne.
È au centre de la France.
M dans l'ouest de la France.
I située sur la Seine.

1	
2	
3	
4	
5	
6	
7	
8	
9	

Monsieur et Madame Talbot habitent une _ _ _ _ _ _ _ _ _ .
Qu'est-ce que ça signifie? Ça signifie 'cottage'.

Le français en classe

– Je fais l'appel . . . Michel?
– Présent!
– Catherine?
– Présente.
– Christine?
– Elle est absente, Monsieur.
– Bruno?
– Il est absent.

Unité 3

Voici une photo de ma famille

A typical French family has two children. At present the population of France is not growing: it has stabilised around 57 million. With a generous system of social advantages the government encourages parents to have more children, but couples usually desire only one son 'un fils' and one daughter 'une fille'. Working mothers, 'les mères au travail', find that 'les crèches' or 'les écoles maternelles' are very well organised.

In this chapter you will learn how to:
- say how many people are in your family
- talk about your brothers and sisters
- describe people's jobs
- count up to 100
- say where and when you were born
- tell the date.

In the grammar section, you will learn about:
- the verb ETRE
- the negative form of the verb AVOIR
- possessive adjectives.

INVITATION AU FRANÇAIS

Écoutez et Répétez

IL Y A COMBIEN DE PERSONNES DANS TA FAMILLE?

Dans ma famille, il y a trois personnes. Il y a mon père, ma mère et moi. — Daniel

Il y a quatre personnes dans ma famille, mes parents, mon frère et moi. Je n'ai pas de soeur. — Caroline

Dans ma famille, nous sommes cinq, mes parents, mes deux frères et moi. — Florence

A la maison nous sommes trois, mes parents et moi. Je suis enfant unique. — Bernard

49

VOICI UNE PHOTO DE MA FAMILLE

LISEZ

Mon arbre généalogique

Voici mon arbre généalogique. Regarde. Mes grands-parents: mon grand-père et ma grand-mère. A droite, voici mon père et ma mère. En bas, c'est ma soeur et moi. A gauche, voilà mon oncle et ma tante. En bas, voilà mes cousins et ma cousine.

MOI

Voici – *This is*	Voilà – *That is*
En bas – *Down below*	
A gauche – *To the left*	
A droite – *To the right*	

1 EST-CE QUE TU AS DES FRÈRES OU DES SOEURS?

– J'ai un frère.

– J'ai un frère mais je n'ai pas de soeur.

– J'ai une soeur mais je n'ai pas de frère.

– J'ai une soeur.

– J'ai deux soeurs.

– J'ai deux frères.

– Je n'ai ni frère ni soeur. Je suis enfant unique

ni . . . ni . . . – *neither . . . nor . . .*

INVITATION AU FRANÇAIS

2
– Vous avez des enfants, M. et Mme Talbot?
– Oui, nous avons un fils. Nous n'avons pas de fille.

3
– Et vous, M. et Mme Beauchamp?
– Vous avez des enfants?
– Oui, nous avons deux filles et un fils.

4 – Ta mère s'appelle comment? – Elle a quel âge?

 – Ma mère s'appelle Monique.   40 – Elle a quarante ans

5 – Ton père s'appelle comment? – Il a quel âge?

 – Mon père s'appelle Michel.   42 – Il a quarante-deux ans.

6 – Il est vieux, ton grand-père? – Il a quel âge? **7** – Et ta grand-mère, elle est vieille? – Elle a quel âge?

 – Oui, mon grand-père est vieux.   68 – Il a soixante-huit ans.   – Oui, ma grand-mère est vieille.   70 – Elle a soixante-dix ans.

vieux/vieille – *old*

51

VOICI UNE PHOTO DE MA FAMILLE

8

– Vous avez des fils et des filles, Monsieur Marceau?
– Oui, ma femme et moi, nous avons un fils mais pas de fille.

9

– Est-ce que vous avez des enfants, Madame Lavigne?
– Mon mari et moi, nous n'avons pas d'enfants. Mais nous avons un chat.

APPRENEZ L'ESSENTIEL

– Il y a cinq personnes dans ma famille.

– Dans ma famille, nous sommes cinq.

– Est-ce que tu as des frères et des soeurs?
– J'ai un frère et une soeur.
– J'ai deux frères, mais je n'ai pas de soeur.

– Tu as combien de soeurs?
– J'ai deux soeurs.

– Ton père s'appelle comment?
– Mon père s'appelle Maurice.

– Ta mère s'appelle comment?
– Ma mère s'appelle Suzanne.

– Tes frères s'appellent comment?
– Mes frères s'appellent Pierre et Jacques.

– Monique est la femme de Monsieur Charles.
– Monsieur Charles est le mari de Monique.

– François est le fils de Madame Giraud.
– Catherine est la fille de Monsieur Fournier.

INVITATION AU FRANCAIS

LA GRAMMAIRE

ETRE is an extremely important irregular verb to be learned off by heart. Etre means 'to be'.

Je suis	I am
Tu es	You are (to a friend)
Il est	He is
Elle est	She is
Nous sommes	We are
Vous êtes	You are (being polite or to a group)
Ils sont	They are (masculine or mixed)
Elles sont	They are (feminine)

Ecrivez

A Complete with the correct form of ETRE.

1. Vous _____ irlandaise, Madame Murphy?
2. Je _____ le frère de Céline.
3. Nous _____ les enfants de Monsieur Cartier.
4. Catherine _____ la soeur de Michel.
5. Tu _____ français ou belge, Daniel?
6. Les soeurs de François _____ très intelligentes.
7. Patrick _____ le frère de Clodagh.
8. Marie et moi, nous _____ parisiennes.

B Answer 'Oui' followed by the correct form of ETRE.

1. Tu es français, Alex?
2. Tu es la soeur de Julie?
3. Pierre est le frère de Suzanne?
4. Vous êtes le mari de Madame Lambert, Monsieur?
5. Monsieur et Madame Lavigne, vous êtes les parents de Bruno?
6. Les garçons sont dans la maison?
7. Tu es parisien, André?
8. Etes-vous directeur de banque, Monsieur Chabrol?

VOICI UNE PHOTO DE MA FAMILLE

APPRENEZ L'ESSENTIEL

ECOUTEZ ET APPRENEZ LES NOMBRES
LES NOMBRES DE 20 À 100 . . .

20 VINGT	21 VINGT ET UN	22 VINGT-DEUX	23 VINGT-TROIS	29 VINGT-NEUF	30 TRENTE
31 TRENTE ET UN	32 TRENTE-DEUX	40 QUARANTE	41 QUARANTE ET UN	42 QUARANTE-DEUX	50 CINQUANTE
51 CINQUANTE ET UN	52 CINQUANTE-DEUX	60 SOIXANTE	61 SOIXANTE ET UN	62 SOIXANTE-DEUX	70 SOIXANTE-DIX
71 SOIXANTE ET ONZE	72 SOIXANTE-DOUZE	73 SOIXANTE-TREIZE	79 SOIXANTE-DIX-NEUF	80 QUATRE-VINGTS	81 QUATRE-VINGT-UN
82 QUATRE-VINGT-DEUX	89 QUATRE-VINGT-NEUF	90 QUATRE-VINGT-DIX	91 QUATRE-VINGT-ONZE	92 QUATRE-VINGT-DOUZE	99 QUATRE-VINGT-DIX-NEUF

100 CENT	200 DEUX CENTS	1000 MILLE

357
TROIS CENT CINQUANTE-SEPT

896
HUIT CENT QUATRE-VINGT SEIZE

1249
MILLE DEUX CENT QUARANTE-NEUF

7431
SEPT MILLE QUATRE CENT TRENTE ET UN

INVITATION AU FRANCAIS

ECOUTEZ
Fill in the box below, describing how many brothers and sisters each person has and how old they are.

		Brother(s)	Age(s)	Sister(s)	Age(s)
1	Béatrice	....	......	....	......
2	Sébastien	....	......	....	......
3	François	....	......	....	......
4	Corinne	....	......	....	......
5	Lucie	....	......	....	......

LA GRAMMAIRE

La forme négative d'AVOIR
Compare the positive form of AVOIR in the present tense and its negative form.

- J'ai un frère   – Je n'ai **pas de** frère
- Tu as une soeur   – Tu n'as **pas de** soeur
- Il a un stylo   – Il n'a **pas de** stylo
- Elle a un crayon   – Elle n'a **pas de** crayon
- Nous avons un château   – Nous n'avons **pas de** château
- Vous avez un problème   – Vous n'avez **pas de** problème
- Ils ont une maison   – Ils n'ont **pas de** maison
- Elles ont un baladeur   – Elles n'ont **pas de** baladeur

○ Note: PAS DE becomes PAS D' when the following noun starts with a vowel (a, e, i, o, u) or a silent 'h'.
– Monsieur et Madame Mercier n'ont **pas d'**enfants.
– Le petit village n'a **pas d'**hôtel.

ECOUTEZ
Who are they talking about? How old is that person?

		Person(s)	Age(s)
1	Patricia	....	....
2	André	....	....
3	Corinne	....	....
4	David	....	....
5	Florence	....	....

VOICI UNE PHOTO DE MA FAMILLE

Ecrivez

How many brothers and sisters do they have?

①

J'_____
mais _____

②

J'_____
et _____

③

J'_____
mais _____

④

Je_____
et _____

⑤

Danielle _____
mais _____

⑥

Le bébé est_____

INVITATION AU FRANCAIS

Ecrivez

Imagine that these people are related to you.
Describe their relationship to you and how old they are.

Example:

– *C'est mon grand-père.*
  Il a soixante-trois ans.

_____
_____
_____

_____
_____
_____

57

VOICI UNE PHOTO DE MA FAMILLE

LISEZ

Quelle famille?

Match each family with its description.

1. Je m'appelle Sophie, et j'ai dix ans. Sur la photo, il y a mes parents, mon petit frère et ma petite soeur et mon grand-père, Adrien. Et moi aussi. Nous sommes six sur la photo.

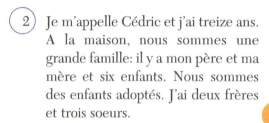

2. Je m'appelle Cédric et j'ai treize ans. A la maison, nous sommes une grande famille: il y a mon père et ma mère et six enfants. Nous sommes des enfants adoptés. J'ai deux frères et trois soeurs.

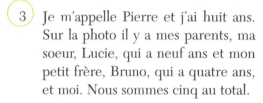

3. Je m'appelle Pierre et j'ai huit ans. Sur la photo il y a mes parents, ma soeur, Lucie, qui a neuf ans et mon petit frère, Bruno, qui a quatre ans, et moi. Nous sommes cinq au total.

4. Je m'appelle Céline et j'ai onze ans. Dans ma famille, il y a mon père et ma mère, il y a aussi mon frère, Marc, qui a treize ans. Et moi, évidemment. Nous sommes quatre.

5. Dans la famille, il y a David, le père qui a vingt-huit ans, et Monique, la mère qui a vingt-sept ans. David et Monique ont un petit bébé, un petit garçon qui s'appelle Didier: il a un an.

1	2	3	4	5

INVITATION AU FRANCAIS

Ecoutez et Lisez

FILL IN THE MISSING WORDS IN THE TEXTS BELOW

1

frère – quatre – trois – appartement

Moi, je m'appelle Lucie Fournier et j'ai quatorze ans et demi. Ma famille et moi, nous habitons un _____ à Bobigny. C'est une banlieue de Paris. Dans ma famille, nous sommes _____ personnes. Il y a mes parents qui s'appellent Maurice et Cécile, mon _____, Daniel, et moi. Mon frère a _____ ans. Il est petit.

① Where does Lucie live?
② Who are the people in Lucie's family?

2

maison – sud-ouest – famille

Moi, je m'appelle Antoine et j'ai une petite _____ . Nous sommes seulement trois. Je suis fils unique et j'ai treize ans. A la _____ , il y a mon père, ma mère et moi. Nous habitons une jolie maison à Bordeaux, dans le _____. Nous avons aussi une résidence secondaire à Arcachon, au bord de la mer.

① How many brothers and sisters does Antoine have?
② Where are Antoine's houses?

seulement – *only*

3

soeur – grand-mère – grande – frère

Je m'appelle Nicolas. Ma famille et moi, nous habitons une _____ ferme. Il y a six personnes dans ma famille. Il y a mes parents, naturellement, et il y a aussi ma _____ et moi. Ma soeur, Béatrice, a 20 ans. Elle étudie les sciences à l'université. Je n'ai pas de _____ . Mes grands-parents habitent aussi à la ferme. Mon grand-père, Léon, a soixante-dix ans, et ma _____ , Pauline, a soixante-huit ans. Ils sont vieux, mais j'adore mes grands-parents.

aussi – *also*

① Who are the people in Nicolas's family?
② Who is the oldest person in Nicolas's family?

59

VOICI UNE PHOTO DE MA FAMILLE

DIALOGUE

Discover more about your neighbour's family.

- How many people are there in your family?
- There are _____ people in my family.
- What are your parents' names?
- My father's name is _____ and my mother's name is _____
- How old are your parents?
- My father is _____ years old. My mother is _____ years old.
- Do you have brothers and sisters?
- I have _____ brothers and _____ sisters.

You can continue the conversation by asking questions about the names and ages of your neighbour's brothers and sisters.

Ecrivez

Dans ma famille . . .

Use the above dialogue to write a short paragraph in your copy describing your family. Give the names and ages of your parents, of your brothers and sisters. Say where you all live.

LA GRAMMAIRE

Les adjectifs possessifs

Possessif adjectives agree in gender and number with the noun that they refer to.

	Masculine	Feminine	Plural
My	Mon père	Ma mère	Mes parents
Your	Ton père	Ta mère	Tes parents
His/her	Son père	Sa mère	Ses parents

○ Note that to express his/her the variation is caused **not by the owner, but by the object of property.**

	Singular		Plural
Our	Notre père	Notre mère	Nos parents
Your	Votre père	Votre mère	Vos parents
Their	Leur père	Leur mère	Leurs parents.

INVITATION AU FRANCAIS

Ecrivez

Answer 'Oui' then complete each of the following sentences without repeating the person's name.

Example: – Le père de Pierre est architecte?
– Oui, son père est architecte.

1. La mère de Catherine est actrice?
2. Les soeurs de François ont 14 et 16 ans?
3. Le frère de Sophie s'appelle Jacques?
4. Les enfants de Madame Lambert sont super-intelligents?
5. La femme de Monsieur Chabrol s'appelle Suzanne?
6. La ferme de Monsieur Dupont est au bord de la rivière?
7. Les frères de Pauline s'appellent Pierre et Jacques?
8. Les cousins de Pierre habitent en Alsace?

Ecrivez

Complete each of the following sentences by inserting the correct word.

1. (Our) _____ grands-parents s'appellent Albert et Emilie.
2. (Your) _____ mari est électricien, Mme Perrier?
3. (Our) _____ maison est au bord d'une rivière.
4. Voici Jacques et Julie. (Their) _____ père est docteur.
5. Comment s'appelle (your) _____ femme, M. Moreau?
6. Nous avons deux enfants. (Our) _____ enfants ont 13 et 16 ans.
7. Voici M. et Mme Cartier? (Their) _____ enfants s'appellent Alex et Cécile.
8. (Your) _____ soeurs sont docteurs, Mme Talbot?

VOICI UNE PHOTO DE MA FAMILLE

Ecoutez et Répétez

QU'EST-CE QU'IL FAIT DANS LA VIE? / QUEL EST SON METIER?

Mon père est cuisinier. Il est propriétaire d'un restaurant.

Mon frère est jardinier. Il cultive des fleurs.

Mon grand-père est agriculteur. Il travaille à la ferme, il élève des animaux.

Mon oncle est mécanicien. Il répare des autos, des tracteurs et des camions.

Mon cousin est électricien. Il installe l'électricité dans les maisons

Ma mère est professeur. Elle enseigne les mathématiques.

Ma soeur est coiffeuse. Elle coupe les cheveux de ses clientes.

Ma tante est docteur. Elle soigne les malades à l'hôpital.

Patricia est agent de police. Elle contrôle la circulation.

Ma cousine est vendeuse. Elle travaille dans un petit magasin.

INVITATION AU FRANCAIS

Ecoutez et Lisez

1 APPRENEZ LES JOURS DE LA SEMAINE

LUNDI   MARDI   MERCREDI   JEUDI

VENDREDI   SAMEDI   DIMANCHE

2 APPRENEZ LES MOIS

JANVIER   FÉVRIER   MARS   AVRIL
MAI   JUIN   JUILLET   AOÛT   SEPTEMBRE
OCTOBRE   NOVEMBRE   DÉCEMBRE

Noël, c'est le 25 décembre.

La Saint-Patrick, c'est le 17 mars.

La Fête Nationale, c'est le 14 juillet.

3 – AUJOURD'HUI, C'EST QUELLE DATE?

– Aujourd'hui, c'est le mardi premier juillet.

– Aujourd'hui, c'est le samedi 2 mars.

– Aujourd'hui, c'est le mercredi 23 janvier.

VOICI UNE PHOTO DE MA FAMILLE

4
– C'est quand, ton anniversaire?
– Mon anniversaire est le 12 septembre.

– Où est-ce que tu es née, Sophie?
– Je suis née à Orléans.

– Où est-ce que tu es né, François?
– Je suis né à Paris.

ECOUTEZ
Where were they born? When are their birthdays?

		Born in	Birthday
1	Julie	………………	………………
2	Daniel	………………	………………
3	Martine	………………	………………
4	Christophe	………………	………………
5	Sébastien	………………	………………
6	Micheline	………………	………………

LISEZ

1 SALUT! Je m'appelle Erika Cartier et j'ai seize ans et demi. Je suis née à Paris et mon anniversaire est le 24 novembre. Je suis française et j'habite avec mes parents dans un grand appartement de l'Avenue Kleber à Paris. Mon père s'appelle Edouard et il est ingénieur chez Peugeot. Il dessine des autos. Ma mère est norvégienne. Elle s'appelle Kristina et elle est propriétaire d'une boutique de mode. Je suis enfant unique.

1 How old is Erika?
2 Where does she live?
3 What does her father do for a living? And her mother?
4 What is her mother's nationality?
5 How many brothers and sisters does Erika have?

INVITATION AU FRANÇAIS

2 **LUI,** il s'appelle Patrick Villeneuve et il est breton. Il est né à Roscoff, une petite ville sur la côte nord de la Bretagne. Son anniversaire est le premier mars et il a presque quinze ans. Sa famille habite à Brest en Bretagne. Les parents de Patrick sont agriculteurs. Ils ont une très grande ferme. Patrick travaille à la ferme avec ses parents. Il a deux soeurs, Isabelle qui a seize ans et Caroline qui a huit ans et demi. Patrick adore ses soeurs et elles adorent leur frère.

1. Where exactly was Patrick born?
2. When is his birthday?
3. What do his parents do for a living?
4. Who are the people in Patrick's family?

Ecrivez

Complete these sentences with words taken from the two passages above.

1. Erika et ses parents habitent un _____ à Paris.
2. Le _____ d'Erika travaille chez Peugeot.
3. Erika n'a pas de frère et pas de soeur: elle est _____ unique.
4. L' _____ de Patrick est le premier mars.
5. Patrick travaille avec ses _____ à la ferme.
6. Les deux _____ de Patrick s'appellent Isabelle et Caroline.

ECOUTEZ

Fill in the box below giving details of who is being spoken about, his or her age, birthday and job.

		Talks about	Age	Birthday	Job
1	Brigitte	....	...	....	...
2	Daniel	....	...	....	...
3	Fabienne	....	...	....	...
4	Bruno	....	...	....	...
5	Mme Vincent	....	...	....	...
6	M. Picard	....	...	....	...

VOICI UNE PHOTO DE MA FAMILLE

Ecrivez

Write a sentence to describe the unknown person.

Example: – C'est *le frère de Michel*.

?   Michel

① C'est _____

Candice   ?

?   Sophie

② C'est _____

③ C'est _____

François   ?

?   Monique

④ C'est _____

⑤ C'est _____

?   Mme Fournier

M. Talbot   ?

⑥ C'est _____

⑦ C'est _____

?   Eric

?   M. Perrier

⑧ C'est _____

INVITATION AU FRANCAIS

Ecrivez

Use the given information to write a complete sentence.

Example:

My brother – Patrick – 20 – born in Strasbourg – birthday 15 July – studies literature.

– C'est mon frère. Il s'appelle Patrick et il a vingt ans. Il est né à Strasbourg et son anniversaire est le quinze juillet. Il étudie la littérature.

①

My sister – Sophie – 19 – born in Marseille – birthday 20 December – hair dresser.

②

My cousin – Edouard – 22 – born in Bordeaux – birthday 18 April – policeman.

③

My uncle – Charles – 45 – born in Dijon – birthday 10 January – mechanic.

④

My aunt – Alexandra – 39 – born in Grenoble – birthday 1st October – doctor.

67

VOICI UNE PHOTO DE MA FAMILLE

ON S'AMUSE

 Ecrivez
Qu'est-ce qu'ils font dans la vie?
Use your English-French dictionary to describe these people's jobs.

Le mot caché
Connect the word and its definition to discover the hidden word.

1   L'ingénieur   A   Il conduit un taxi, un train.
2   Le chauffeur   N   Il répare les automobiles.
3   Le réceptionniste   R   Il travaille à la mine. Il extrait le charbon.
4   Le mineur   O   Il soigne les animaux.
5   Le vétérinaire   P   Il dessine des machines, des moteurs, des automobiles.
6   Le mécanicien   T   Il accueille les clients de l'hôtel.

Qu'est-ce que ça signifie 'le _ _ _ _ _ _'?
Ça signifie 'the boss'.

1	
2	
3	
4	
5	
6	

Le français en classe

– Ouvrez vos livres à la page 12, s'il vous plaît.
– Monsieur, j'ai oublié mon livre.
– Alors, assieds-toi près de Monique.

Unité 4

J'aime bien les chats

French people hold the European record for pet ownership. 55% of families have a pet. Many families live in apartments where cats and dogs are forbidden, but children often insist on keeping a hamster, a mouse, a gerbil or several goldfish. In the country, children who are keen on riding have easy access to 'le manège' where they can ride horses and learn how to care for them. A trip to 'le jardin zoologique' is still a favourite school trip destination for younger pupils.

In this chapter you will learn how to:
- say how many pets you have
- talk about colours
- name farm animals
- say which animals you prefer
- explain why you like them.

In the grammar section, you will learn about:
- the gender and number of adjectives
- the irregular plural of nouns
- the preposition DE.

J'AIME BIEN LES CHATS

Ecoutez et Répétez

1

— Michel et Jean, vous avez un animal domestique?

— Oui, nous avons un chien. Il s'appelle Scoubidou.

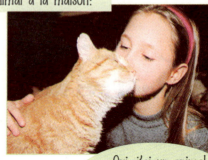

— Catherine, tu as un animal à la maison?

— Oui, j'ai un animal. J'ai un chat. Il s'appelle Sylvestre.

2 – VOUS AVEZ DES ANIMAUX À LA MAISON?

1

— A la maison, j'ai un lapin noir et une souris blanche.

2

— Moi, je n'ai pas d'animal, mais ma soeur Lucie a un canari.

3

— J'ai des poissons rouges et une tortue verte dans un aquarium.

4

— Et moi, j'ai une gerboise qui s'appelle Joey. Elle est brune et blanche.

5

— Moi, j'ai un rat. Il est noir et il s'appelle Pirate. Il est dans une cage.

— Un rat! Beurrrk!

3

— De quelle couleur est ton chat?
— Mon chat est noir.
— De quelle couleur est ton lapin?
— Il est blanc.
— De quelle couleur est ta souris?
— Elle est blanche.

— De quelle couleur est ta tortue?
— Elle est verte.
— De quelle couleur sont tes poissons?
— Ils sont rouges
— De quelles couleurs sont tes perruches?
— Elles sont bleues et jaunes.

4 TU AS COMBIEN D'ANIMAUX?

1
— Tu as combien de chats, Micheline?
— J'ai deux chats.

2
— Et toi, Catherine, tu as combien d'oiseaux?
— J'ai trois oiseaux: deux perruches et un perroquet.

3
— André, il y a combien d'animaux dans la cage?
— Il y a cinq animaux: deux souris blanches, deux gerboises grises et un hamster marron et blanc.

4

— Michel, il y a combien d'animaux dans votre aquarium à l'école?
— Je crois que nous avons neuf poissons rouges et trois petites tortues vertes. C'est difficile de compter!

APPRENEZ L'ESSENTIEL

Les animaux domestiques

un chat – un chien – un lapin – une souris – un hamster – un poisson – une tortue – un oiseau – une perruche – un perroquet – une gerboise – un rat.

– Il y a un hamster dans la cage.
– Il y a des poissons exotiques dans l'aquarium.

Les couleurs

masculin	féminin	masculin	féminin
blanc	blanche	jaune	jaune
noir	noire	brun	brune
rouge	rouge	gris	grise
bleu	bleue	rose	rose
vert	verte	marron	marron

Note

- Adjectives of colour are always placed after the noun.
  Examples: *une souris blanche / un poisson rouge.*

- Adjectives behave like nouns: in the plural adjectives receive an S.
  Examples: *un chat noir – des chats noirs*
  une perruche verte – des perruches vertes.

– Tu as combien d'animaux à la maison?
– J'ai trois animaux: un chat, un chien, et un poisson rouge.

INVITATION AU FRANCAIS

ECOUTEZ

For each person write down how many pets he or she has and their colour(s).

		Number	Animal	Colour(s)
1	Nicole	......	......	......
2	Eric	......	......	......
3	Mme Perraud	......	......	......
4	Corinne	......	......	......
5	Arnaud	......	......	......
6	M. Talbot	......	......	......

— LA GRAMMAIRE —

Les pluriels irréguliers

We have seen that regular nouns receive an S to form their plural.
BUT

○ If a noun already ends with an -S, an -X or a -Z in its singular form, there is no need to add a second -S in the plural.
Example: – une souris   – des souris.

○ If a nouns ends with – AU in its singular form, it receives an -X in the plural:
Examples: – un château   – des châteaux
            – un oiseau   – des oiseaux
            – un gâteau   – des gâteaux.

○ Some masculine nouns that end with -AL in the singular end with -AUX in the plural.
Examples: – un animal   – des animaux
            – un journal   – des journaux
            – un cheval   – des chevaux

une souris
des souris

un cheval
des chevaux

un oiseau
des oiseaux

J'AIME BIEN LES CHATS

Ecrivez

Choose the right colour for your animal

Example: – J'ai un chat ~~blancs~~ / ~~blanche~~ / blanc / ~~blanches~~

1. J'ai trois poissons .... rouge / rouges
2. Mes canaris sont .... jaune / jaunes.
3. J'ai un chien .... noir / noire / noirs / noires
4. J'ai une perruche .... vert / verte / verts / vertes.
5. Mon perroquet est .... bleue / bleues / bleus / bleu.
6. Mon lapin est .... blanche / grise / verts / noir.
7. J'ai un chien .... bleu / rouges / blanc / verte.
8. Ma perruche est .... blanc / vertes / jaune / noires
9. Patricia a une tortue .... noir / blanche / verte / roses
10. Nous avons des souris ...... gris / jaune / grises / jaunes

Ecrivez

Answer 'Non' to each of the following questions, then give another colour for an answer.

Example: – Tu as un chat blanc?
– *Non, je n'ai pas de chat blanc. J'ai un chat noir.*

1. Tu as une souris grise?
   _____

2. Tu as une perruche jaune?
   _____

3. Tu as un lapin noir?
   _____

4. Catherine a une tortue brune?
   _____

5. François a un rat gris?
   _____

6. Sophie a un oiseau jaune?
   _____

7. Vous avez un chien blanc, M. Morel?
   _____

8. Vous avez un perroquet bleu, Mme Chabrol?
   _____

INVITATION AU FRANCAIS

Ecrivez

Ils ont combien d'animaux? Et de quelle coleur?
Example: – Catherine *a deux chats noirs*.

Masculine nouns

Marc _____ _____

Suzanne _____ _____

Pierre _____ _____

Marie et Jacques _____

Moi, _____ _____

Feminine nouns

Sophie _____ _____

Toi, _____ _____

Vous _____ _____

Catherine et Micheline _____

75

J'AIME BIEN LES CHATS

Ecoutez et Lisez

LES ENFANTS ET LEURS ANIMAUX

1 Je m'appelle Adrien et j'ai treize ans. Ma famille et moi, nous habitons un petit appartement à Créteil dans la banlieue de Paris. A la maison, les animaux domestiques sont interdits. Nous n'avons pas de chien et pas de chat. Mais nous avons un aquarium avec deux poissons rouges et un poisson gris. Moi, j'ai un petit lézard. Ma soeur Angélique a huit ans. Elle adore les souris blanches. Elle a deux petites souris dans une cage. Moi, je déteste les souris.

interdit – *forbidden*

1. Where does Adrien live?
2. He has no cat and no dog. Why?
3. What has he got in his aquarium?
4. What animals does his sister keep?
5. How does Adrien feel about his sister's pets?

2  Moi, je m'appelle Sandrine et j'ai presque douze ans. Je suis enfant unique. J'habite un chalet dans un petit village à la montagne, près de Chamonix dans les Alpes. Je n'ai pas de chat à la maison, mais j'ai un chien. C'est un Saint-Bernard. Il s'appelle Géant et il est énorme. Il est blanc et marron. Géant n'est pas méchant, il est très gentil et il adore les enfants. J'adore Géant. Il est mon ami.

1. How old is Sandrine?
2. Where is her chalet situated?
3. What animal has she got?
4. Describe Géant's physique.
5. Describe his character.

méchant – *vicious*
mon ami – *my friend*

INVITATION AU FRANCAIS

DIALOGUE

Imagine a conversation between you and your friend.

– Do you have a dog?
– No, I do not have a dog.
– Do you have a cat?
– Yes, I have a cat.
– What is his name?
– His name is Patch.
– What is the colour of your cat?
– He is black and white.

You can repeat this dialogue describing two different animals with different names and different colours.

APPRENEZ L'ESSENTIEL

Les animaux à la ferme

un vache – un taureau – un cheval – un mouton – une chèvre – un cochon – un âne – un poussin – un coq – un canard – une oie – une dinde – un pigeon.

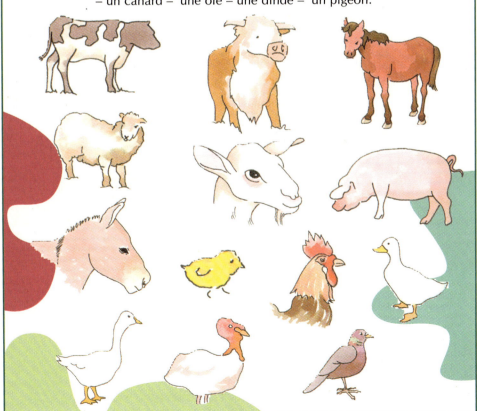

77

J'AIME BIEN LES CHATS

Ecoutez et Lisez

– Monsieur Benoît, vous êtes fermier, n'est-ce pas?
– Oui, je suis fermier. Ma femme et moi, nous avons une ferme en Normandie – soixante hectares, c'est grand.
– Est-ce que vous avez beaucoup d'animaux à la ferme?
– Oui, bien sûr! Nous avons beaucoup d'animaux.
– Vous avez combien d'animaux exactement?
– Voyons . . . Nous avons dix-huit vaches et un taureau, deux chevaux, une douzaine de cochons, vingt moutons et trois chèvres.
– Est-ce que vous avez des poules et des canards?
– Oui, beaucoup de poules et beaucoup de canards.
– Combien exactement?
– Je ne sais pas. Nous avons aussi des dindes et des lapins.
– En effet, c'est une grande ferme. Merci, Monsieur Benoît. Bon courage!

Répondez

> Voyons – *Let's see*
> Je ne sais pas – *I do not know*
> En effet – *Indeed*

1. Where is M. Benoît's farm?
2. How big is it?
3. List in French all the four-legged animals on the farm. Translate their names into English.
4. List all the birds on the farm. Translate their names into English.
5. How many birds are on the farm?

Cherchez les mots

Complete each sentence with a word taken from the dialogue.

1. La profession de M. Benoît? Il est _____ .
2. M. Benoît et sa famille habitent en _____ : une province du nord-ouest.
3. M. Benoît et sa _____ ont une grande ferme.
4. Il y a beaucoup d' _____ à la ferme.
5. M. Benoît a une douzaine et demie de _____ .
6. Les _____ , les canards et les dindes sont des oiseaux de ferme.

78

LA GRAMMAIRE

Les adjectifs
Adjectives agree in gender (masculine/feminine) and number (singular/plural) with the noun that they describe. Most adjectives become feminine by adding an -E to their masculine form

- petit _____ petite
- grand _____ grande
- joli _____ jolie
- noir _____ noire
- bleu _____ bleue
- vert _____ verte
- amusant _____ amusante

○ If the final -E is already present in the masculine forme, there is no need to add a second -E
- jaune _____ jaune
- rouge _____ rouge
- rose _____ rose
- énorme _____ énorme

○ For a few adjectives the final consonnant is doubled.
- gentil _____ gentille
- gros _____ grosse

○ If the masculine form ends with -X, the feminine form ends with -SE.
- courageux _____ courageuse
- dangereux _____ dangereuse

○ If the masculine form ends with -F, the feminine form ends with -VE.
- actif _____ active
- sportif _____ sportive

○ Some feminine forms are total exceptions.
- blanc _____ blanche
- vieux _____ vieille
- beau _____ belle
- nouveau _____ nouvelle

In the plural all adjectives receive an –S. If the adjective already ends with an –S or an –X in the singular, it does not change.

J'AIME BIEN LES CHATS

ECOUTEZ

Write where each person lives, and the animals he or she has.

		Lives in	Animals	Number of animals
1	Charles	....	....	....
2	Alice	....	....	....
3	Marielle	....	....	....
4	Philippe	....	....	....
5	Sophie	....	....	....
6	Madame Perrier	....	....	....

Ecrivez

Write the correct form of the adjective

1. (yellow)   J'ai un canari _____.
2. (red)   Dans l'aquarium, il y a trois poissons _____.
3. (small)   Dans la cage, il y a une _____ souris.
4. (grey)   Ma gerboise est _____.
5. (green)   Dans mon aquarium, j'ai deux tortues _____.
6. (black)   Le fermier a trois chèvres _____.
7. (white)   A la ferme, il y a trois vaches _____.
8. (blue)   Dans ma maison, j'ai dix perruches _____.
9. (very big)   Au zoo, il y a trois tigres _____.

Zoo de Vincennes :
53, avenue de Saint-Maurice
75012 Paris
Accès par autobus depuis les M^os Porte Dorée et St Mandé-Tourelle.
Ouvert tous les jours y compris dimanche et jours fériés.
Pour tous renseignements, tél. : 01 44 75 20 00
Attention, les chiens ne sont pas admis dans l'enceinte du zoo.

– How can you go to the zoo?
– When is the zoo open?
– Which animals are not admitted in the zoo?

INVITATION AU FRANCAIS

Ecoutez et Répétez

1

— Quel animal est-ce que tu préfères?

— Je préfère les chats.

— Et moi, je préfère les chiens.

— Mon animal favori, c'est le canard.

— Nous, nous préférons les hamsters.

2

3

— Michel, tu aimes les chiens?
— Oui, j'aime bien les chiens.
— Pourquoi est-ce que tu aimes les chiens?
— Ils sont fidèles et courageux.

— Tu aimes les chats, Catherine?
— Oh oui, j'adore les chats.
— Pourquoi?
— Ils sont gentils et propres.

— Est-ce que tu aimes les souris blanches, Lucie?
— J'aime beaucoup les souris blanches.
— Pourquoi?
— Elles sont charmantes et amusantes.

4

5

— Jacques, tu aimes les rats?
— Ah non, je déteste les rats.
— Pourquoi est-ce que tu déteste les rats?
— Ils sont sales et dangereux.

J'AIME BIEN LES CHATS

APPRENEZ L'ESSENTIEL

J'aime les chats, mais je préfère les chiens.

– J'adore les animaux.
– J'aime beaucoup les chats.
– J'aime bien les chiens.
– Je n'aime pas les souris.
– Je déteste les rats.

Moi, j'aime beaucoup les chevaux.

J'adore les personnes. Miam, miam!

Les enfants aiment les animaux.

Je préfère les petits canards.

ATTENTION, CHIEN MÉCHANT.

ECOUTEZ

Which animals does each person prefer? Which does he/she like? Which does he/she dislike?

		Favourite	Likes	Dislikes
1	Sandrine	....	....	....
2	Robert	....	....	....
3	Edouard	....	....	....
4	Dominique	....	....	....
5	Jacques	....	....	....
6	Madame Cartier	....	....	....

INVITATION AU FRANCAIS

Ecoutez et Lisez

– Catherine, ton frère Daniel et toi, vous aimez beaucoup les pigeons, n'est-ce pas?
– Oui, nous adorons les pigeons.
– Pourquoi est-ce que vous aimez les pigeons
– Parce qu'ils sont intéressants, rapides et fidèles.
– Vous avez combien de pigeons chez vous?
– Nous avons beaucoup de pigeons. Une douzaine peut-être.
– Ils sont dans des cages?
– Nous avons une petite cabine pour les pigeons, mais la porte est ouverte. Nos pigeons ne sont pas en cage.
– Vos pigeons sont en liberté?
– Oui, il sont absolument libres. Ce sont des pigeons voyageurs.

fidèle – *faithful*
peut-être – *perhaps*
libre – *free*
voyageur – *homing*

1. Why do Catherine and Daniel like pigeons?
2. How many pigeons do they have?
3. Where do their pigeons live?
4. Why are they always free to come and go?

Ecrivez

Write a sentence to express how much you like or dislike these animals.

adorer   **aimer beaucoup**   **aimer**   **n'aimer pas**   **détester**

Example: – J'aime beaucoup les chats.

      Catherine _____

J'AIME BIEN LES CHATS

 Nous _____

Tu _____

 Vous _____

Les filles _____

LA GRAMMAIRE

La préposition DE

To express possession English has 'S. French always uses DE which means 'of' or even 'from'.
– Le père **de** Catherine
– La soeur **de** Véronique
– Les cousins **de** François
– L'oncle **de** Suzanne
– Le chien **de** Madame Lavigne
– La soeur **d**'Antoine

The preposition DE combines with the definite articles le, la, l' and les.

– La grand-mère a un chat _____ C'est le chat **de la** grand-mère.
– Le fermier a une vache _____ C'est la vache **du** fermier.
– L'oncle a un problème _____ C'est le problème **de** l'oncle.
– Les enfants ont un chien _____ C'est le chien **des** enfants.

○ Note: DE + LE combine into DU.
         DE + LES combine into DES.

Le chien de
Sophie

Le chat de la grand-mère

La vache du
fermier

La cage des canaris

Ecrivez

Fill in the blanks with de, du, de l', de la or des.

1. Voici la maison _____ Madame Dupont.
2. Pierre est le frère _____ Catherine.
3. Voici une photo _____ famille Martin.
4. C'est le stylo _____ professeur.
5. Monsieur Simon est l'oncle _____ enfants.
6. C'est le chien _____ père de Sophie.
7. Voici la villa _____ ingénieur.
8. A droite, c'est la classe _____ filles.
9. Le chat _____ Stéphanie s'appelle Minou.
10. Ma maison est au bord _____ mer.

Ecrivez

Rewrite the following sentences.

Example: – Le garçon a un chien.
– C'est le chien du garçon.

1. Le docteur a un livre.
   _____
2. La fille a un baladeur.
   _____
3. Les enfants ont un hamster.
   _____
4. L'électricien a un stylo.
   _____
5. Le frère a un poisson rouge.
   _____
6. L'animal a une cage.
   _____
7. L'agent de police a un chien.
   _____
8. Les garçons ont un professeur.
   _____
9. Le prince a un château.
   _____
10. La province a une capitale.
    _____

J'AIME BIEN LES CHATS

DIALOGUE

- You ask your friend where he/she lives.
- Your friend says where he/she lives (house/apartment/farm . . .).
- You ask if your friend has animals.
- Your friend lists his/her animals and says how many he/she has.
- You wants to know if your friend has an unusual animal (parrot/lizard/turtle . . .).
- Your friend does not have this animal.
- You ask why.
- Your friend answers that he/she does not like this animal.

LISEZ

Les petites annonces

LA NOUVELLE MAISON EST TROP PETITE.
SIMBAD
GRAND SAINT-BERNARD
MARRON ET BLANC
GENTIL ET FIDÈLE
AGÉ DE TROIS ANS
CHERCHE NOUVEAU MAÎTRE
TÉLÉPHONEZ À DANIEL POIRIER:
43.26.15.73

Répondez
1. Who is Simbad?
2. Why is he looking for a new master?
3. What are his qualities?

A VENDRE
NAPOLÉON
Cheval de ferme
Cinq ans d'âge
Courageux et affectueux
Adore les enfants
S'adresser à La Ferme de la Source
M. Peyrac
Tel: 56.78.24.51.

Répondez
1. What type of animal is Napoléon?
2. Who does he love to be with?
3. What is M. Peyrac's job?

INVITATION AU FRANCAIS

A VENDRE

Maison avec grand jardin
Dans charmant village près de Strasbourg
Idéale pour famille nombreuse
Espace pour animaux domestiques
S'adresser à Paul Marchant
   34 Avenue de la Libération
   Strasbourg

Répondez
1. Where is the house situated?
2. For whom would it be ideal? Why?

J'ÉCHANGE

Six petits lapins (noirs et blancs)
Contre deux hamsters (mâle et femelle)
S'adresser à Marc Bastiani
   53 Boulevard de la Marne
   Epernay

Répondez
1. What does Marc wish to swap?
2. What would he like in return?

ON S'AMUSE

1 Les animaux dans la jungle
Before you can learn their names you must discover their gender, **un** or **une**.

un	lion
_____	crocodile
_____	léopard
_____	éléphant
_____	girafe
_____	serpent
_____	gorille
_____	zèbre
_____	antilope
_____	tigre
_____	rhinocéros
_____	panthère.

J'AIME BIEN LES CHATS

2 **Le mot caché**
Match the animal and its description to discover the hidden word.

1	Il est très courageux et il aide le fermier.	O	le chat	
2	Il garde la maison.	Z	le cheval	
3	Il attaque et dévore les souris et les rats.	O	le chien	
4	Il adore les carottes.	Q	le perroquet	
5	Mickey de Walt Disney est un membre de la famille.	U	le lézard	
		I	le poisson	
6	Il est rose et il habite à la ferme.	O	la souris	
7	Il habite dans la rivière, le lac ou la mer.	E	les oiseaux	
8	Il habite dans une cage et il parle.	L	le lapin	
9	Il est long, vert et très rapide.	G	le cochon	
10	Une perruche, un perroquet et un canari.			

1	
2	
3	
4	
5	
6	
7	
8	
9	
10	

À Vincennes, près de Paris, les enfants visitent le jardin _ _ _ _ _ _ _ _ _ _ .

Le français en classe

– Arrêtez de bavarder, s'il vous plaît. Michel, tais-toi. Je voudrais un peu de silence.

Unité 5

Viens visiter ma maison

Although more and more French people are living in the suburbs of big cities, they remain country people at heart. Whether they live in 'un HLM' (block of flats with low rent) or in 'un pavillon individuel', they all dream of some day being able to buy their own 'résidence secondaire' in the country, in the mountains or by the sea.

In Parisian apartment blocks, 'la concierge' resides near the main doorway. She knows everyone in the building, distributes the mail to the tenants and systematically asks all visitors whom they wish to see.

In this chapter you will learn how to:
- describe your house
- say which floor you live on
- list the rooms in your home
- talk about a few activities in the house.

In the grammar section, you will learn about:
- prepositions
- negative sentences
- the irregular verb FAIRE.

VIENS VISITER MA MAISON

Ecoutez et Répétez

1

– Tu habites un appartement, n'est-ce pas?
– Oui, j'habite un appartement dans un immeuble moderne.
– L'immeuble a combien d'étages?
– L'immeuble a huit étages.
– Ton appartement est à quel étage?
– Mon appartement est au troisième étage.

2

– Sophie, ta famille et toi, vous habitez une petite maison, n'est-ce pas?
– C'est vrai. Nous avons une petite maison dans un village tranquille.
– Ta chambre est au premier étage?
– Non, elle est au rez-de-chaussée. Je partage ma chambre avec ma soeur.

C'est vrai – *It is true*

3

– François, tu habites un pavillon à Créteil, je crois.
– Oui, c'est ça. C'est dans la banlieue, près de Paris.
– Est-ce que ta maison est grande?
– Non. Elle n'est pas grande. Nous avons trois chambres seulement.
– Tu partages ta chambre avec ton frère?
– Non, Je ne partage pas. J'ai ma chambre, et mon frère a sa chambre.

INVITATION AU FRANCAIS

APPRENEZ L'ESSENTIEL

— L'immeuble a combien d'étages?
— Il a cinq étages.

— Tu habites à quel étage?
— J'habite au rez-de-chaussée / au premier étage / au deuxième étage.

— Tu partages ta chambre avec ta soeur?
— Je ne partage pas ma chambre.

Premier (première) – deuxième – troisième – quatrième – cinquième – sixième – septième – huitième – neuvième – dixième . . .

ECOUTEZ

For these people, write the number of floors in their block of flats, the floor they live on and whether they share their bedroom or not.

		Number of floors	Floor	Shares room with
1	Jacques	....	....	....
2	Edouard	....	....	....
3	Christine	....	....	....
4	Zoë	....	....	....
5	Alain	....	....	....
6	Véronique	....	....	....

Ecrivez

Write on which floor each person lives.

1) Zoé habite _____
2) Chris _____
3) Le Docteur Meyer _____
4) La concierge _____
5) L'avocat _____
6) Léa et Paul _____
7) France, Marc, Louis et Alice _____

91

VIENS VISITER MA MAISON

Écoutez et Lisez

1

Je m'appelle Eric Valois et j'habite à Bobigny. C'est une banlieue de Paris, près du centre de la capitale. Ma famille et moi – c'est-à-dire mes parents et mes deux soeurs – nous habitons dans un immeuble moderne. L'immeuble a dix étages. Nous habitons un grand appartement confortable au quatrième étage. Il y a trois chambres. Mes parents ont une grande chambre, mes soeurs partagent une grande chambre, et j'ai une petite chambre. J'aime beaucoup notre appartement parce que nous avons une vue magnifique de la Tour Eiffel.

1. Where is Bobigny situated?
2. Who are the people in Eric's family?
3. Describe his block of flats.
4. On which floor is his apartment?
5. Why does Eric like the apartment?

c'est-à-dire – *that is to say*
parce que – *because*

2

Je m'appelle Chantelle Perrier et j'habite à Lyon. Mon père est chauffeur de taxi et ma mère est concierge d'un immeuble dans le centre-ville. Ma mère a un bureau au rez-de-chaussée, mais nous habitons au premier étage. L'appartement est grand et confortable, mais l'immeuble est assez vieux. Il y a seulement un escalier, il n'y a pas d'ascenseur dans l'immeuble.

1. What is Monsieur Perrier's job?
2. What is Madame Perrier's job?
3. Where does she work?
4. Where does the family live?
5. Why is the building not modern?
6. What is missing in the building?

un bureau – *an office*
un ascenseur – *a lift*

INVITATION AU FRANCAIS

LA GRAMMAIRE

Les questions
Two simple ways of asking a question.
1   Place a question mark at the end of an ordinary sentence when you write.
2   Raise your voice at the end of an ordinary sentence.
    (This is done very often in conversation.)

- Tu habites à Paris?
- Tu as un frère?
- Ton appartement est au premier étage?
- Vous avez un cheval à la ferme?

○ Another way of asking a question is to place 'EST-CE QUE' before an ordinary sentence. 'EST-CE QUE' means that you are asking a question (in conversation as well as in written text).

- Est-ce que tu habites à Paris?
- Est-ce que tu as un frère?
- Est-ce que ton appartement est au premier étage?
- Est-ce que vous avez un cheval à la ferme?

○ Any sentence beginning with 'EST-CE QUE' always ends with a question mark.

Ecrivez

Turn the following sentences into questions then read them aloud.

Example: – Michel joue au football.
              – *Michel joue au football?*
              – *Est-ce que Michel joue au football?*

1   Catherine parle français. _____
2   François est canadien. _____
3   Ta soeur a douze ans. _____
4   Tu aimes les animaux. _____
5   Vous habitez au deuxième étage. _____

93

VIENS VISITER MA MAISON

Ecrivez

Here are the answers. Find the questions.
(Mind the change in the verb.)

Example: – *Est-ce que tu parles irlandais?*
– *Oui, je parle irlandais.*

1 _____ Oui, je viens de Paris.
2 _____ Oui, j'habite à Dublin.
3 _____ Oui, je suis français.
4 _____ Oui, j'ai douze ans.
5 _____ Oui, je déteste les rats.
6 _____ Oui, je travaille dans un hôtel.
7 _____ Non, je n'ai pas de frère.
8 _____ Non, je n'aime pas les souris.

DIALOGUE

Imagine a conversation between you and your friends.

- You want to know if your friend lives in a house or in an apartment.
- Your friend answers that he/she lives in a house.
- You ask how many stories the house has.
- Your friend says it has a ground floor and a first floor.
- You ask if your his/her bedroom is on the first floor.
- Your friend says no, his/her bedroom is on the ground floor.

Ecoutez et Lisez

1

A

La porte de la cuisine est ouverte.

B

Notre cuisine est moderne.

C

Voici le salon et l'escalier.

INVITATION AU FRANCAIS

La fenêtre de ma chambre est fermée.

La porte du jardin est ouverte.

La porte du garage est automatique.

2 NOUS VISITONS LA MAISON

La salle de bains est très propre.

La cuisine est moderne et bien équipée.

La chambre de ma soeur est bien rangée.

La salle à manger est très simple.

Nous regardons la télévision dans le salon.

Ma chambre est très confortable.

Voici la chambre de mes parents.

Nous avons une cave au sous-sol.

Sous le toit, nous avons un grenier.

VIENS VISITER MA MAISON

Ecoutez et Lisez

1
- Ici, nous sommes dans le vestibule. Juste en face, c'est la cuisine.
- Et à gauche, qu'est-ce que c'est?
- A gauche, c'est la salle de séjour.
- Et à droite?
- A droite, c'est la salle à manger.

2
- Montons l'escalier.
- Il y a combien de chambres au premier étage?
- Il y a quatre chambres: la chambre de mes parents, la chambre de ma soeur, ma chambre, et la chambre d'amis.

3
- Où est la salle de bains?
- La salle de bains et les toilettes sont à gauche, entre la chambre de mes parents et la chambre de ma soeur.

4
- Est-ce que vous avez un garage?
- Oui, nous avons un garage à droite de la maison: un grand garage pour deux voitures.

5
- Est-ce qu'il y a une cave et un grenier?
- Oui, il y a une cave sous la cuisine. Malheureusement, il n'y a pas de grenier.

6
- Vous avez un jardin?
- Oui. Nous avons un petit jardin devant la maison, et un grand jardin derrière.

malheureusement – *unfortunately*

INVITATION AU FRANCAIS

ECOUTEZ
Which room are we in? How is it described?

	Room	Description
1	....	....
2	....	....
3	....	....
4	....	....
5	....	....
6	....	....

APPRENEZ L'ESSENTIEL

En bas / Au rez-de-chaussée
- La cuisine est en face.
- Le salon est à gauche.
- La salle à manger est à droite.

En haut / Au premier étage
- Il y a trois chambres et une salle de bains.
- Ma chambre est entre la salle de bains et la chambre de mes parents.

- Il y a une cave sous la cuisine.
- Il y a un garage près de la maison.
- Il n'y a pas de grenier.

- Il y a un jardin derrière la maison.
- Il n'y a pas de jardin derrière la maison.

ECOUTEZ
For each visitor, write the name of the room he/she is in, the direction he/she is going in and the next room.

	Now in	Direction	Next room
1	....	....	....
2	....	....	....
3	....	....	....
4	....	....	....
5	....	....	....
6	....	....	....

VIENS VISITER MA MAISON

Où sont-ils?

Example: Catherine . . .
est dans la cuisine.

1. Madame Lavigne _____
2. Sophie et le chat _____
3. Monique et Alice _____
4. François _____
5. Les grands-parents _____
6. Daniel et Patrick _____
7. Jacques _____
8. Le chien _____

DIALOGUE

Imagine a conversation between you and your friend.

– You would like to know if your friend lives in a big house.
– Your friend says he/she lives in a small house.
– You would like to know how many bedrooms the house has.
– Your friend says there are two/three/four bedrooms.
– You ask if your friend shares a room with a brother or a sister.
– Your friend says he/she has his/her own room.
– You ask if there is a garden.
– Your friend says there is a small garden behind the house.

LA GRAMMAIRE

Les prépositions
Prepositions are words that indicate relationships between objects

1 Les souris blanches sont **dans** la cage.

2 Le livre est **sur** la table.

3 Le chat est **sous** la chaise.

4 La voiture est **devant** la maison.

5 Le jardin est **derrière** la maison.

6 La bicyclette et **entre** les deux voitures.

7 Bobigny est **près de** Paris.   BOBIGNY 2km

DUBLIN 900km   8 Dublin est **loin de** Paris.

VIENS VISITER MA MAISON

Ecrivez

Write the preposition that completes each of the following sentences.

1. Le chien est _____ la table.

2. Les poissons sont _____ l'aquarium.

3. La lampe est _____ la table.

4. Le jardin est _____ le château.

5. La souris est _____ les deux chats

6. Mes livres sont _____ mon cartable.

7. Il y a un cycliste _____ l'autobus.

8. La voiture est _____ la maison.

9. Strasbourg en Alsace est _____ Brest en Bretagne.

   Brest ●――――――――● Strasbourg

10. Ma chambre est _____ le toit.

INVITATION AU FRANÇAIS

Ecoutez et Lisez

The house is too quiet. Mme Chabrol is worried and calls her children to find out what they are up to.

1

— Catherine, où es-tu?
— Je suis dans ma chambre.
— Qu'est-ce que tu fais dans ta chambre?
— Je fais mes devoirs.
— C'est bien. Continue.

2

— Michel, où es-tu?
— Je suis dans la cuisine.
— Qu'est-ce que tu fais dans la cuisine?
— Je fais la vaisselle.
— Tu es gentil. Merci bien.

3

— Caroline, tu es dans ta chambre?
— Non, je suis dans le salon.
— Qu'est-ce que tu fais dans le salon?
— Je regarde un film à la télévision.
— Le film est intéressant?
— Oui, très intéressant.

4

— Où es-tu, François?
— Je suis dans la salle de bains?
— Tu prends un bain?
— Non, je prends une douche.

101

VIENS VISITER MA MAISON

5

- Pauline, où es-tu?
- Je suis dans le garage.
- Qu'est-ce que tu fais dans le garage?
- Je répare ma bicyclette.

6

- Qu'est-ce que vous faites dans le jardin, les enfants?
- Nous jouons au football.
- Faites attention à mes fleurs!
- Oui, nous faisons attention à tes fleurs.

APPRENEZ L'ESSENTIEL

- Où es-tu?
- Je suis dans ma chambre.

- Qu'est-ce que tu fais?
- Je fais mes devoirs – mon lit – la vaisselle – le jardinage.

- Je fais la cuisine – le repassage – le ménage – la lessive.

- Je joue au football – au billard – aux cartes.

- Je téléphone à Sophie.

- J'écoute de la musique – la radio – un disque – mes cassettes.

- Je décore ma chambre.

- Je parle avec mon ami.

- Je répare ma bicyclette – mon baladeur – ma poupée

- Je mange le dîner – un sandwich – une pizza – un gâteau

- Je prends une douche – un bain.

INVITATION AU FRANCAIS

ECOUTEZ
Where is each person and what is he/she doing?

		Where?	Doing what?
1	Micheline	....	....
2	François	....	....
3	Nicole	....	....
4	Sophie	....	....
5	M. Martin	....	....
6	Mme. Simon	....	....

Ecrivez

Qu'est-ce qu'ils font?

Example: Patrick *écoute la radio.*

1 Suzanne _____

2  M. Simon _____

3 Mme Perrier _____

4  Christine _____

5 Paul et Jean _____

6  Julie et Sophie _____

VIENS VISITER MA MAISON

LA GRAMMAIRE

Le verbe FAIRE
This is a very useful irregular verb to be learned off by heart.

Je fais	I do / I am doing
Tu fais	You do / You are doing (to a friend)
Il fait	He does / He is doing
Elle fait	She does / She is doing
Nous fais**ons**	We do / We are doing
Vous fait**es**	You do / You are doing (polite or to a group)
Ils f**ont**	They do / They are doing (masculine or mixed)
Elles f**ont**	They do / They are doing (feminine)

Ecrivez

Answer 'Oui' then complete the following sentences.
(Mind the change in the verb.)

Example: – Vous **faites** la vaisselle, M. Perrier?
                       – *Oui, je **fais** la vaisselle.*

1) Tu fais du sport, Marie?
   _____

2) Catherine fait son lit?
   _____

3) Vous faites la vaisselle, M. Cordier?
   _____

4) M. et Mme Dupont font un voyage?
   _____

5) Vous faites des devoirs, les enfants?
   _____

6) Tu fais la lessive à la machine, Maman?
   _____

7) Vous faites attention, Mesdemoiselles?
   _____

8) Je fais la vaisselle aujourd'hui?
   _____

INVITATION AU FRANCAIS

LA GRAMMAIRE

La phrase négative

To change a positive sentence into a negative sentence, introduce the two words NE and PAS on either side of the verb – NE before the verb, PAS after the verb.

Je suis irlandais	Je **ne** suis **pas** irlandais.
Je déteste les rats	Je **ne** déteste **pas** les rats.
Je répare ma bicyclette	Je **ne** répare **pas** ma bicyclette.
Nous sommes français	Nous **ne** sommes **pas** français.
Michel habite à Paris	Michel **n'**habite **pas** à Paris.
Catherine est parisienne	Catheriene **n'**est **pas** parisienne

○ Note that when the verb starts with a vowel (a, e, i, o, u) or a silent h, NE loses its 'E' which is replaced by an apostrophe.

Ecrivez

A Make these positive sentences negative using NE and PAS.

1 Je regarde la télévision. _____

2 Catherine déteste les souris. _____

3 Je suis français. _____

4 Pierre écoute son baladeur. _____

5 Tu fais ton lit. _____

B Answer the following questions negatively. (Mind the verb)

Example: – Tu regardes le film?
    – *Non, je **ne** regarde **pas** le film.*

1 Tu répares le baladeur de Catherine? _____

2 Tu habites à Paris? _____

3 Tu regardes le film à la télé? _____

4 Mme Lambert, vous mangez la pizza? _____

5 M. Chabrol, vous regardez la vidéo? _____

6 Pierre et Paul, vous jouez au football? _____

VIENS VISITER MA MAISON

Ecoutez et Ecrivez

1 **Listen to the tape then answer the following questions.**

1. When is Eric's birthday?
2. Where was he born?
3. Where is Biarritz situated?
4. What are his parents' jobs?
5. How old are his sisters?
6. Where does the family live?
7. What pets do they have?
8. List one activity that Eric does not like and two that he likes.

2 Je m'appelle Alex Guillou et j'ai trente ans. Je suis marié. Florence et moi, nous avons deux enfants, un fils Paul et une fille Marinette. Florence travaille à la Banque de France. Moi, je suis père de famille et je travaille à la maison. Je suis une personne très active et j'adore l'activité. Je travaille beaucoup. Je prépare le dîner, je fais la vaisselle – Dieu merci, j'ai un lave-vaisselle – je fais la lessive à la machine, et je fais les devoirs des enfants. Quand je suis fatigué, j'écoute de la musique ou je regarde un film à la télé.

Dieu merci – *thank God*
Quand – *When*

1. Describe Alex's family.
2. Where do Florence and Alex work?
3. List Alex's working activities.
4. What does he do when he is tired?

INVITATION AU FRANCAIS

ON S'AMUSE

Circle the correct activities to discover the missing word.

1. Je regarde la télévision dans
   - la salle de bains   G
   - la cave   B
   - le salon   S
   - le jardin   T

2. Nous jouons au basketball dans
   - le garage   â
   - le jardin   é
   - la salle à manger   ô
   - la chambre   à

3. Catherine fait ses devoirs dans
   - le grenier   R
   - la cuisine   P
   - le corridor   C
   - sa chambre   J

4. Nous mangeons le dîner du dimanche dans
   - la cave   U
   - le vestibule   A
   - la salle de bains   E
   - la salle à manger   O

5. Cécile prend sa douche dans
   - la salle de bains   U
   - le vestibule   W
   - la cave   Y
   - le grenier   X

6. Tu fais la vaisselle dans
   - ta chambre   D
   - le garage   N
   - la cuisine   R
   - le jardin   T

'La salle de _ _ _ _ _ _' is another word for 'le salon'.

Le français en classe

— Avez-vous compris?
— Oui, j'ai compris.
— Non, je n'ai pas compris.

Unité 6

Où est-ce que tu vas?

Each village is centred around two very important buildings, 'la mairie' (also called 'l'hôtel de ville') and 'l'église', that represent the traditional authorities of the Government and the Church. A marriage first takes place at 'la mairie' for the civil ceremony, then the wedding party goes to 'l'église' for the religious ceremony. Other government buildings include 'le commissariat de police' and in larger cities 'l'hôtel des finances' where taxes are collected. Other important landmarks are 'l'école' and 'le bistrot'. Each village square has its own 'monument aux morts' which is always lovingly decorated with lots of flowers.

In this chapter you will learn how to:
- list the main buildings in town
- say where you are going
- say what you are going to do
- ask for directions
- answer a person asking for directions.

In the grammar section, you will learn about:
- the irregular verb ALLER
- the various forms of the preposition 'à'
- how to ask 'Where . . . ?'

INVITATION AU FRANCAIS

Ecoutez et Répétez

– Où est-ce que tu vas, Sophie?
– Je vais à la poste. Je vais poster une lettre.

– Où est-ce que tu vas, Michel?
– Je vais au restaurant. Je vais manger une pizza

– Où est-ce que tu vous allez Madame Vernier?
– Je vais au marché. Je vais faire des courses.

– Où est-ce que vous allez, Monsieur Leblanc?
– Je vais au stade. Je vais regarder un match de rugby

– Où est-ce que tu vas, David?
– Je vais au débit de tabac. Je vais acheter des cigarettes.

– Où est-ce que vous allez, Mme Chabrol?
– Je vais à la banque. Je vais changer de l'argent.

OÙ EST-CE QUE TU VAS?

— Où est-ce que vous allez, Monsieur Pottier?
— Je vais à la gare. Je vais prendre le train pour Paris.

— Où est-ce que tu vas, Daniel?
— Je vais nager.
— Tu vas nager à la mer?
— Non, je vais nager à la piscine.

— Où est-ce que vous allez, les filles?
— Nous allons au club de jeunes.
— Qu'est-ce que vous allez faire?
— Nous allons jouer au ping-pong.

— Où est-ce que tu vas, Patricia?
— Je vais à la station-service. Je vais acheter de l'essence.

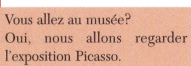

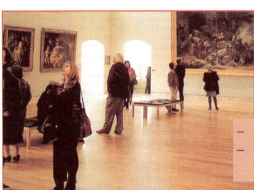

— Vous allez au musée?
— Oui, nous allons regarder l'exposition Picasso.

APPRENEZ L'ESSENTIEL

Je vais   à la poste – à la banque – à la discothèque – à la gare – à la piscine – à la station-service – à la plage – à la mairie

au cinéma – au restaurant – au stade – au garage – au club de jeunes – au supermarché – au théâtre – au port

à l'école – à l'église – à l'hôtel – à l'hôpital – à l'auberge de jeunesse – à l'office de tourisme – à l'arrêt d'autobus – à l'aéroport.

aux magasins – aux toilettes

Je vais   faire des courses – poster une lettre – acheter un timbre – jouer au tennis – nager – voir un film – regarder une exposition – danser le Rock 'n' Roll – changer de l'argent – acheter de l'essence.

la plage

le bar

l'hotel

LA GRAMMAIRE

Le verbe ALLER
ALLER means 'to go'. It is an irregular verb to be learned off by heart.

Je vais	I go / I am going
Tu vas	You go / You are going (to a friend)
Il va	He goes / He is going
Elle va	She goes / She is going
Nous allons	We go / We are going
Vous allez	You go / You are going (polite or to a group)
Ils vont	They go / They are going (masculine or mixed)
Elles vont	They go / They are going (feminine)

OÙ EST-CE QUE TU VAS?

Ecrivez

Write the corret form of ALLER in each of the following sentences.

1. Sophie _____ à l'école.
2. Michel et moi, nous _____ à la campagne.
3. David _____ poster une lettre.
4. Je ne _____ pas à la piscine.
5. Les garçons _____ voir un match de football.
6. Est-ce que tu _____ à la discothèque?
7. Madame Clément, vous _____ au supermarché?
8. Est-ce que vous _____ faire des courses, Monsieur?

Nous allons à Dublin pour étudier l'anglais

Nous allons au concert pour écouter du rap

ECOUTEZ

Describe where each person is going and for what reason.

		Going to	Reason
1	Stéphane	....	....
2	Monique	....	....
3	Adeline	....	....
4	Sébastien	....	....
5	Mme. Cartier	....	....
6	M. Deschamps	....	....

Où est-ce qu'ils vont travailler? Tick the correct answer.

1. Le mécanicien va travailler
   - au bureau ☐
   - à l'école ☐
   - au garage ☐
   - au studio. ☐

2. Le professeur va travailler
   - à la banque ☐
   - à l'école ☐
   - à la poste ☐
   - au supermarché. ☐

3. Mme Lambert va faire les courses
   - à l'église ☐
   - aux magasins ☐
   - au club de jeunes ☐
   - au restaurant chinois. ☐

4. Adrien va jouer au tennis
   - au cinéma ☐
   - à la banque ☐
   - aux magasins ☐
   - au stade. ☐

5. Je vais regarder un film
   - à la mairie ☐
   - à l'hôtel ☐
   - au cinéma ☐
   - au bistrot. ☐

6. Nous allons manger une pizza
   - à la discothèque ☐
   - à la gare ☐
   - à l'hôtel de ville ☐
   - au restaurant italien. ☐

OÙ EST-CE QUE TU VAS?

LA GRAMMAIRE

La préposition 'à'
The preposition 'à' expresses location or direction (at the / to the).
  – J'habite à la ferme.
  – Je vais à la maison.

It combines with the definite article that follows it.
  – Paul va à (le cinéma) .... – Paul va **au** cinéma.
  – Catherine va à la maison. .... (no change)
  – Je vais à l'église. .... (no change)
  – Suzanne va à (les magasins) .... – Suzanne va **aux** magasins

Ecrivez

A Fill in the the correct form of au / à la / à l' / aux.

1. Nous allons _____ banque.
2. Je vais _____ cinéma.
3. Catherine va _____ école.
4. Les garçons vont _____ piscine.
5. Madame Deschamps va _____ magasins.
6. Est-ce que vous allez _____ hôpital?

B Complete the sentences.
Example: Sébastien *va à l'école*.

1.  Moi, je _____

2. Mme Valois _____

3. Catherine et Julie _____

4. Est-ce que vous _____ ?

INVITATION AU FRANCAIS

Ecoutez et Lisez

1 J'ai douze ans et demi. Ma copine Stéphanie et moi, nous habitons dans le centre d'Orléans. Orléans, c'est une jolie ville historique sur la Loire. Les touristes adorent Orléans; ils visitent le château et ils font des courses dans le centre-ville. Orléans, c'est fantastique pour les jeunes. Il y a beaucoup d'activités. Nous avons un centre sportif pour jouer au tennis ou au basketball, une discothèque pour danser le samedi soir, un club de jeunes pour rencontrer les copains et les copines, trois cinémas, deux piscines, et beaucoup de petits restaurants. J'adore habiter à Orléans.

Caroline

1. Describe Orléans.
2. Why do tourists like Orléans?
3. Why is Orléans great for young people?
4. What can young people do at the sports centre?
5. When do they go to the disco?
6. What do they do at the youth club?

2
Olivier

Mon copain Michel et moi, nous habitons à Bréauté. C'est un petit village de campagne en Normandie. La grande ville est à 20 kilomètres, et la campagne, ce n'est pas intéressant pour les jeunes. Nous, les jeunes, nous aimons faire du sport, aller au cinéma, aller à la discothèque. Ici, dans le village, il n'y a pas de centre sportif, pas de cinéma, pas de discothèque. Pour s'amuser, il y a seulement le bistrot. Le problème? Michel et moi, nous n'avons pas dix-huit ans, et nous n'avons pas la permission d'aller au bistrot.

VRAI OU FAUX?

1. Bréauté est une grande ville.
2. Bréauté est à la campagne.
3. Les jeunes aiment faire du sport.
4. Les jeunes n'aiment pas aller au cinéma.
5. Il y a une discothèque à Bréauté.
6. A Bréauté, il y a un bistrot.
7. Michel a dix-huit ans.
8. Olivier a la permission d'aller au bistrot.

OÙ EST-CE QUE TU VAS?

Ecrivez

You find yourself in the following situations. Transform the sentences to describe where you are going.

Example: – Pour danser le Rock 'n' Roll, où est-ce que tu vas?
– *Je vais danser le Rock 'n' Roll à la discothèque.*

1. Pour changer de l'argent, où est-ce que tu vas?
   _____
2. Pour regarder un film, où est-ce que tu vas?
   _____
3. Pour jouer au ping-pong, où est-ce que tu vas?
   _____
4. Pour faire les courses, où est-ce que tu vas?
   _____
5. Pour étudier les mathématiques, où est-ce que tu vas?
   _____
6. Pour jouer au football avec les copain, où est-ce que tu vas?
   _____
7. Pour nager avec les copains, où est-ce que tu vas?
   _____
8. Pour poster une lettre, où est-ce que tu vas?
   _____
9. Pour acheter de l'essence, où est-ce que tu vas?
   _____
10. Pour manger une pizza, où est-ce que tu vas?
    _____

DIALOGUE

You meet your neighbour in the street and would like to know where he/she is going.

- Hello, (his/her name). How are you?
- Good morning, (your name). I am fine, thank you.
- Where are you going?
- I am going to . . . (he/she decides on a place)
- What are you going to do?
- I am going to . . . (he/she names the activity). Tu viens avec moi?
- Yes, I am coming. / No, I am not coming.

INVITATION AU FRANCAIS

Ecoutez et Répétez

1
– Excusez-moi, madame. La mairie, s'il vous plaît?
– La mairie? Allez tout droit.
– C'est loin?
– Non. C'est à cinq minutes d'ici.
– Merci bien.

La mairie

tout droit

2
– Pardon, monsieur l'agent. Où est la Banque de France, s'il vous plaît?
– Allez tout droit, puis prenez la première rue à gauche.
– C'est loin?
– Non. C'est à un kilomètre d'ici.
– Merci. monsieur.
– De rien. Au revoir.

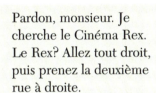

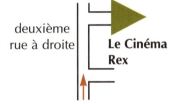
La Banque

première rue à gauche

3
– Pardon, monsieur. Je cherche le Cinéma Rex.
– Le Rex? Allez tout droit, puis prenez la deuxième rue à droite.

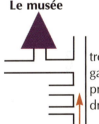
deuxième rue à droite

Le Cinéma Rex

4
– Excusez-moi, monsieur l'agent. Pour aller au Musée de la Préhistoire, c'est loin?
– Non, le musée n'est pas loin. Prenez la troisième rue à gauche, puis la première rue à droite.
– Troisième à gauche, première à droite. Merci.

Le musée

troisième à gauche, première à droite

5
– Pardon, monsieur. Il y a un bureau de poste près d'ici?
– Oui, bien sûr. La poste est à 500 mètres d'ici, Descendez la rue de Paris, puis prenez la deuxième rue à gauche. La poste est près de la mairie.
– Merci bien.
– De rien.

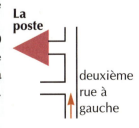
La poste

deuxième rue à gauche

117

OÙ EST-CE QUE TU VAS?

APPRENEZ L'ESSENTIEL

– Où est la poste?

– Je cherche le cinéma Odéon.

– Pour aller au centre sportif, SVP?
　　　　à la Banque de France?
　　　　à l'hôpital?

– Il y a un bureau de change près d'ici?

– Allez tout droit.
– Prenez la première / deuxième rue à gauche
– Prenez la troisième / quatrième rue à gauche.
– Tournez à gauche / à droite.

– C'est loin?
– Non, ce n'est pas loin. / Non, c'est près d'ici. / C'est à cinq minutes d'ici./ C'est à deux kilomètres d'ici.

 ECOUTEZ
Write where each person is going, how far it is and the directions to get there.

		Destination	Distance	Directions
1	Edouard	....	....	....
2	Caroline	....	....	....
3	Annette	....	....	....
4	Jérôme	....	....	....
5	Bruno	....	....	....
6	Nicole	....	....	....

A gauche ou à droite?

– You ask a stranger the direction to the library / the town hall / the school
– The stranger answers according to the signpost.
– You ask if it is far.
– The stranger tells you how far.

INVITATION AU FRANCAIS

LISEZ

Read the text and follow the route. Then write in the correct name for each of the various sites in the list below.

Pour arriver à ma maison

Quand tu arrives sur la Place de l'Eglise, tu passes devant l'église et tu continues tout droit. Tu descends la rue principale du village. Elle s'appelle la Rue de la République. Tu passes devant la mairie et le cinéma. Tu continues jusqu'à la rivière, et tu traverses le pont.

Après le pont, tu tournes à droite. Tu as la piscine à gauche et le club de tennis à droite. Tu continues encore sur un kilomètre. Là, tu arrives sur une petite place, c'est la Place de la Libération. Tu tournes à doite dans la Rue Notre-Dame. Il y a un supermarché qui s'appelle Prisunic.

Ma maison est au numéro 12, entre le supermarché et la poste. Notre appartement est au premier étage.

Bonne chance. Amandine.

quand – *when*
jusqu'à – *as far as*
après – *after*

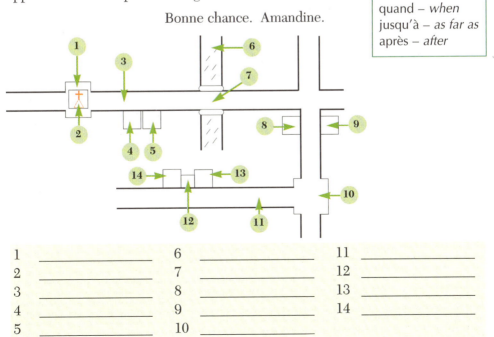

1 _____	6 _____	11 _____
2 _____	7 _____	12 _____
3 _____	8 _____	13 _____
4 _____	9 _____	14 _____
5 _____	10 _____	

OÙ EST-CE QUE TU VAS?

LA GRAMMAIRE

La question 'Où . . . ?' 'Où est-ce que . . . ?'

– Où est le marché?
– Il est sur la Place de la République.

– Où sont les enfants?
– Ils sont dans le jardin.

– Où est-ce que tu travailles?
– Je travaille dans un magasin.

– Où est-ce que vous habitez?
– Nous habitons à Lourdes.

Ecrivez

Here are the answers. Find the questions.

Example: – Où est-ce que l'autobus va?
– L'autobus va **au centre-ville**.

1. _____?
– Sophie est **dans sa chambre**.

2. _____?
– Les souris sont **dans la cage**.

3. _____?
– Patrick fait ses devoirs **dans le salon**.

4. _____?
– Suzanne et Marie jouent au ping-pong **dans le garage**.

5. _____?
– L'autobus numéro 12 va **à la mairie**.

6. _____?
– Je regarde la télé **dans ma chambre**.

7. _____?
– Nous mangeons le dîner **dans la salle à manger**.

8. _____?
– Je vais jouer au football **au stade**.

9. _____?
– Nous allons danser **à la discothèque**.

10. _____?
– Je fais les courses **au supermarché**.

INVITATION AU FRANCAIS

Ecoutez et Lisez

DANS LA RUE

— Pardon, madame, je cherche l'office de tourisme. C'est près d'ici?
— Désolée, monsieur, je ne suis pas d'ici. Allez demander dans le magasin.
— C'est une bonne idée, merci.

DANS LE MAGASIN

— Excusez-moi, mademoiselle, je cherche l'office de tourisme. C'est près d'ici, n'est-ce pas?
— Ah non. C'est à trois kilomètres d'ici. Vous êtes à pied?
— Oui. Je suis à pied, mais j'adore marcher.
— Eh bien, vous descendez l'Avenue Jeanne d'Arc, vous traversez le pont puis vous continuez tout droit. Vous arrivez à un grand carrefour. Là, vous tournez à gauche, puis vous remontez la Rue de Paris. L'office de tourisme est au bout de la rue de Paris, sur votre droite, à côté de l'église Sainte-Catherine.
— Merci beaucoup.
— De rien, monsieur. Au revoir.

demander – *to ask*
à pied – *on foot*
au bout de – *at the end*
à côté de – *next to*
un carrefour – *a crossroads*

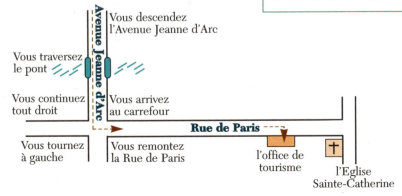

121

OÙ EST-CE QUE TU VAS?

Répondez
1. Which building is the man looking for?
2. Why can the first woman not help him?
3. Where does she advise him to ask again?
4. How far is the building?
5. Where is the building situated?

Cherchez l'expression…
1. I am not from around here.
2. That's a good idea.
3. Are you on foot?
4. I enjoy walking.
5. Don't mention it.

Écoutez et Lisez

FILL IN THE MISSING WORDS

> moderne – douze – demi – musique – ingénieur – mars – école – habite – sud – perruches – mère – hôpital – soeur – cinéma – famille – chat – minutes – mercredi

SALUT! Je m'appelle Patricia Delorme et j'ai quatorze ans et _____ . Je suis née à Marseille. Mon anniversaire est le 15 _____ . J'_____ à Manosque en Provence. Manosque est une jolie ville touristique dans le _____ de la France. Mon père est _____ , et ma _____ est secrétaire médicale. Elle travaille à l'_____ . J'ai un frère, mais je n'ai pas de _____ . Mon frère s'appelle Lucas et il a _____ ans. Ma _____ et moi, nous habitons un appartement au deuxième étage d'un immeuble _____ dans le centre-ville. Dans l'appartement, nous n'avons pas de chien ou de _____ : ils sont interdits. Nous avons deux _____ dans une grande cage: elles sont vertes et jaunes. Je vais à l'_____ Sainte-Catherine, à dix _____ de la maison. J'aime écouter de la _____ pop, regarder la télévision, et aller au _____ le samedi soir. Mon jour préféré, c'est le _____ parce que je ne vais pas à l'école.

ON S'AMUSE

Les mots croisés
Find the missing word, then write it in the grid to discover a new word.

1. Pour nager, je vais à la _____ . Je ne vais pas nager à la mer.
2. Nous allons à la _____ pour changer de l'argent.
3. Pour un mariage, vous allez à la _____ .
4. Pour aller au stade? Allez tout _____ .
5. Je vais à l' _____ pour écouter le service religieux.
6. Le Café du Commerce? Première rue à _____ .
7. Je vais à la _____ pour poster ma lettre.
8. Au _____ Odéon, il y a un excellent film.
9. La Seine est la _____ qui traverse Paris.
10. A l' _____ , j'étudie le français.

Another word for 'l'office de tourisme' is 'le syndicat d' _____ .

Le français en classe

– Est-ce que je peux aller aux toilettes, s'il vous plaît?
– Attends la fin de la classe.
– C'est urgent, Madame.
– D'accord, mais fais vite.

Unité 7

Nous sommes sportifs

Whether they actively play a sport, support their favourite team or simply watch television, the French enjoy all sports like football, tennis and rugby. France hosts many internationally famous sporting events like 'Le Tour de France' in cycling and 'Les 24 heures du Mans' in Grand Prix racing.

Many regions have their own local sports: 'la pétanque' is a type of bowls played in the south, 'la pelote basque' is a handball game from the Pyrenees and 'les courses de vaches' is a form of harmless bullfighting seen in the southwest.

In this chapter you will learn how to:
– say what sports you play
– say which sport is your favourite
– describe how often you train
– say what equipment you need to play your sport.

In the grammar section, you will learn about:
– the irregular verb DEVOIR
– questions beginning with QUAND
– some expressions of time
– demonstrative adjectives.

INVITATION AU FRANCAIS

Ecoutez et Répétez

1

- Catherine joue au tennis.
- Les filles jouent au basketball.
- Vous jouez au golf?
- Nous jouons au billard

2

- François, est-ce que tu es sportif?
- Oui, je suis sportif, Je fais beaucoup de sport. Je joue au football, c'est mon sport favori.

3

- Je fais de la natation.
- Nous faisons du judo.
- Christine fait une promenade dans la montagne.
- Tu fais du tir à l'arc.

4

- Sophie, tu es sportive?
- Oui, je suis très sportive. Je fais de la natation.
- Tu nages dans la mer?
- Non. Je nage à la piscine.

125

NOUS SOMMES SPORTIFS

5
— Quel sport est-ce que tu fais, André?
— Je joue au rugby.
— Comment s'appelle ton club?
— Je suis membre du CAP.
— Qu'est-ce que ça signifie CAP?
— C'est le Club Athlétique de Perpignan.

6
— Quel sport est-ce que tu fais, Caroline?
— Je fais de l'équitation dans un club près de chez moi.
— Et à l'école, tu fais du sport?
— Oui, je fais de l'athlétisme et je joue aussi au badminton.

APPRENEZ L'ESSENTIEL

Je suis sportif

	Mon sport	**Où?**
– Je joue	au football (gaélique)	au stade
	au rugby	avec mon équipe
	au basketball	à l'école
	au golf	dans un club
	au tennis	au club de jeunes
	au badminton	avec mes copains
	au volleyball	à la plage
	au billard	au bistrot
	au tennis de table	dans mon garage.
	(au ping-pong)	
– Je fais	de l'équitation	à la campagne
	du ski	à la montagne
	de la voile	sur le lac
	de la natation	à la piscine
	de la boxe	dans un club
	du canoë-kayak	sur la rivière
	du patin sur glace	à la patinoire
	du jogging	dans la forêt
	des promenades	en ville
	du cyclisme	sur les routes de la région

Je suis sportive

INVITATION AU FRANCAIS

ECOUTEZ
Describe the sport(s) each person plays and where he/she plays it.

		His/her sport(s)	Where?
1	Elodie	....	....
2	Alex	....	....
3	Jacques	....	....
4	Gaby	....	....
5	Mme. Fournier	....	....
6	M. Valois	....	....

Ecrivez

Complete the following sentences with the appropriate form of 'jouer à' or 'faire de'.

Example: – Nous *jouons au basketball*.
              – Nous *faisons du judo*.

1. Christine _____ _____

2. Nous _____ _____

3. Ils _____ _____

4. Michel _____ _____

5. Monsieur Lebrun et son fils _____ _____

6. Est-ce que vous _____ _____ ?

127

NOUS SOMMES SPORTIFS

Ecoutez et Lisez

FILL IN THE MISSING WORDS

télévision – sportive – école – table – seize – petit – basket – habite – classe – montagne

Moi, je m'appelle Sophie Moreau et j'ai _____ ans et demi. J'_____ à Montgaillard. C'est un _____ village touristique dans les Pyrénées. Je ne suis pas très _____ , mais je dois faire du sport à l'_____ . Je fais de la gymnastique avec ma _____ . Nous jouons aussi au _____ . Mais je préfère faire des promenades dans le village et dans la _____ . Au club de jeunes, je joue au tennis de _____ ou au billard avec mes copains. J'aime beaucoup regarder le sport à la _____ . Mon sport favori à la télé, c'est le patinage artistique.

Sophie

Répondez

Use part of the question and part of the text to write your answer.
Example: – Où est-ce que **Sophie habite**?
              – *Sophie habite à Montgaillard.*

1. Où est-ce que **son village est situé**?

   _____

2. Où est-ce que **Sophie doit faire de la gymnastique**?

   _____

3. Où est-ce qu'**elle fait des promenades**?

   _____

4. Où est-ce qu'**elle joue au tennis de table**?

   _____

5. Où est-ce qu'**elle regarde le patinage**?

   _____

LISEZ

INVITATION AU FRANCAIS

FILL IN THE MISSING WORDS

regarde – favori – sportif – faire – membre – piscine – préfère

JE M'APPELLE François Lagrange et j'ai vingt-trois ans. J'habite à Marseille. J'adore le sport et je suis très _____ . A l'école, nous devons _____ de la gymnastique, c'est obligatoire. Personnellement, je n'aime pas ça. Je _____ jouer au football. C'est mon sport _____ . Je supporte l'Olympique de Marseille. Je suis aussi _____ d'un club de natation. Il s'appelle 'Les Dauphins Marseillais'. Je fais de la natation à la _____ le mercredi. A Marseille, il y a aussi la Mer Méditerranée. J'adore nager dans la mer et faire de la voile. Le sport à la télé? Je _____ tous les matchs de l'Olympique, évidemment.

Répondez

1. What does François think of sport at school?
2. List all the sports that he does.
3. Who are 'Les Dauphins Marseillais'?
4. Where does he go swimming?
5. Which other water sport does he enjoy?
6. What does he watch on TV?

DIALOGUE

Discover more about your new friend. Using the following dialogue.

– You ask your new friend if he/she likes sport.
– Your new friend answers he/she is very keen on sport.
– You ask your new friend what is his/her favorite sport.
– Your new friend names his/her favorite sport.
– You ask if your new friend plays his/her sport at school.
– Your new friend answers yes or no.

129

NOUS SOMMES SPORTIFS

Ecrivez

Tick each sport in the appropriate column.

	Sport individuel	Sport d'équipe	Art martial	Sport aquatique
Le rugby				
Le cyclisme				
La natation				
Le ski nautique				
Le judo				
L'équitation				
La planche à voile				
Le volleyball				
La plongée sous-marine				
Le karaté				
La boxe				
La voile				

LA GRAMMAIRE

Le verbe DEVOIR

DEVOIR is an irregular verb to be learned off by heart. It means 'must' or 'to have to'. DEVOIR is always followed by a second verb in the infinitive form.

Je dois	I must / I have to . . .
Tu dois	You must / You have to (to a friend)
Il doit	He must / He has to
Elle doit	She must / She has to
Nous devons	We must / We have to
Vous devez	You must / You have to (polite or to a group)
Ils doivent	They must / They have to (masculine or mixed)
Elles doivent	They must / They have to (feminine)

– Je dois réparer ma bicyclette.
– Nous devons faire du sport.
– Les enfants doivent aller à la piscine.

Ecrivez

Complete the following sentences using the correct form of DEVOIR.

1. En classe, nous _____ écouter le professeur.
2. A l'école, tu _____ faire du sport.
3. Dans la rue, vous _____ faire attention.
4. Je _____ aller à la banque pour changer de l'argent.
5. Les garçons _____ faire un effort.
6. A la maison, Michel _____ faire la vaisselle.

Ecrivez

Transform each of the following sentences by introducing DEVOIR. (Mind the infinitive).

Example: – Nous allons à l'école.
– Nous **devons aller** à l'école.

1. Je fais mes devoirs.
2. Danielle va à l'université.
3. Michel mange les glaces.

_____
_____

4. Tu écoutes le professeur.
_____

5. Nous travaillons dans le jardin.
_____

6. Catherine et Nicole vont à la bibliothèque.
_____

7. Tu fais la vaisselle.
_____

NOUS SOMMES SOPORTIFS

Ecoutez et Lisez

1  — Je m'entraîne au football.

2
— Tu t'entraînes pour le Tour de France?
— Oui, je m'entraîne pour le Tour.

3
— Est-ce que tu fais beaucoup de sport, Danielle?
— Oui, je joue au judo et je fais de la natation.
— Quand est-ce que tu t'entraînes?
— Je m'entraîne presque tous les jours: Le lundi et le jeudi je joue au foot, le mercredi et le samedi je vais nager à la piscine.

4
— Vous faites du sport à l'école?
— Oui, nous faisons du sport deux fois par semaine.
— Quand?
— Le mardi matin nous faisons de la gymnastique, et le jeudi après-midi nous jouons au basket.

5
— Tu sais nager, Michel?
— Bien sûr que je sais nager! Je suis champion de natation.
— Quand est-ce que tu t'entraînes?
— Je m'entraîne deux fois par jour, le matin et le soir.
— Tu t'entraînes tous les jours?
— Non, je vais à la piscine quatre jours par semaine.

INVITATION AU FRANCAIS

APPRENEZ L'ESSENTIEL

Quand est-ce que tu t'entraînes?

– Je m'entraîne   tous les jours.
    deux jours par semaine.
    deux fois par jour.
    trois fois par semaine.

– Je m'entraîne   le lundi (matin).
    le mardi (après-midi).
    le mercredi (soir).

– Je sais   nager.
    faire de l'équitation.
    jouer au ping-pong

ECOUTEZ

Write down the sport each person plays, how often and when he/she trains.

	His/her sport	How often	When he/she trains
1 Myriam	....	....	....
2 Martin	....	....	....
3 Grégoire	....	....	....
4 Alex	....	....	....
5 Candice	....	....	....
6 Mme. Poujol	....	....	....

LA GRAMMAIRE

La question QUAND et les expressions de fréquence

– Quand est-ce que tu joues au golf?
– Je joue au golf **tous les jours.**

– Quand est-ce que vous allez à la piscine?
– Nous allons à la piscine **deux fois par semaine.**

– Quand est-ce que Patrick joue au football?
– Il joue au football **tous les samedis.**

133

NOUS SOMMES SPORTIFS

Ecrivez

Write a complete question and answer for each photo.

Example: – *Quand est-ce qu'Isabelle et Charles font du jogging?*
– *Isabelle et Charles font du jogging le lundi matin.*

Monday morning

1. Saturday afternoon

_____?

Patrice _____

2. Thursday evening

_____?

Pierre _____

3. Tuesday morning

_____?

Marie-Cécile _____

4. Wednesday afternoon

_____?

Nous _____

5. Thursday morning

_____?

Nous _____

6. Friday evening

_____?

Je _____

INVITATION AU FRANCAIS

LISEZ

PATRICK is staying with the Valentin family as a paying guest and is expected to have lunch and dinner with the whole family. He writes a note to Madame Valentin to explain what he will do today and why he cannot have his meals with the family.

Chère Mme Valentin,

Ce matin, je vais au club de jeunes pour rencontrer Robert et mes autres copains. Nous allons jouer au football et peut-être aussi au billard. Ce midi, je vais manger une pizza chez Léonardo, le restaurant italien au village. Cet après-midi, Robert et moi, nous allons à la piscine. Ce soir, je ne rentre pas pour le dîner parce que Robert m'invite à dîner à sa maison. Je vais regarder le match de rugby chez Robert. Je rentre à la maison après la fin du match.

A ce soir
Patrick.

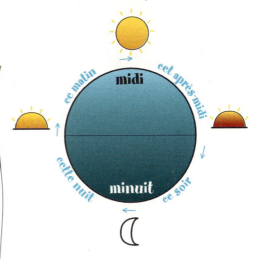

recontrer – *to meet*
peut-être – *perhaps*
rentrer – *to come back home*
autre – *other*

1. Where will Patrick go this morning?
2. Whom will he meet there?
3. What will they do together?
4. Where and what will he eat at lunch time?
5. Where will he spend the afternoon?
6. Where will he have dinner?
7. How will he spend the evening?
8. When will he come home?

135

NOUS SOMMES SPORTIFS

LA GRAMMAIRE

Les adjectifs démonstratifs

Demonstrative adjectives (this / these) are very useful to describe parts of the day and expressions of time.

Ce matin	This morning
Cet après-midi	This afternoon
Ce soir	This evening – Tonight
Cette semaine	This week
Ce mois-ci	This month
Cette année	This year

They vary in number (singular / plural) and gender (masculine / feminine) with the noun that they refer to.

- **Ce** monsieur s'appelle M. Lambert.
- **Cet** enfant a 10 ans.
- **Cette** dame travaille dans un bureau.
- **Ces** garçons jouent au football.

CE + masculine noun beginning with consonant.
CET + masculine noun beginning with vowel or silent 'h'.
CETTE + feminine noun.
CES + plural noun.

Ecrivez

Introduce the correct demonstrative adjective.

1. Attention! _____ animal est dangereux.
2. Nous habitons dans _____ immeuble.
3. Nous pratiquons _____ sport à l'école
4. Comment s'appellent _____ enfants?
5. _____ maison a une vue magnifique sur la mer.
6. _____ garçon adore le football, mais _____ fille préfère le basketball
7. _____ monsieur est ingénieur.
8. Nous allons à _____ école.
9. _____ demoiselle étudie l'histoire.
10. Attention! _____ chien est très méchant.

INVITATION AU FRANCAIS

LISEZ

Trois cartes postales de vacances

Match these three postcards with the correct texts.

A   Royan

Chers parents,
Je passe des vacances formidables. Le ciel et la mer sont bleus. Je vais à la plage tous les jours! Je nage et j'apprends à faire de la voile.
              Bons baisers   Chantal.

B   Morzine

Chers amis,
Je passe d'excellentes vacances à la montagne. Nous avons beaucoup de neige : tout est blanc. La température est de moins 5. J'apprends à faire du ski. Le professeur est très patient.
              Amitiés Philippe

C   Lillebonne

Salut, les filles!
Comment ça va? Les vacances en Normandie ne sont pas fantastiques : il pleut presque tous les jours. Je fais de l'équitation et je visite la région à bicyclette. Je rentre à Paris le 20 août.
        A bientôt Martine

NOUS SOMMES SPORTIFS

Ecrivez

Answer these personal questions with a complete sentence.

1. Est-ce que tu es sportif / sportive?
   _____
2. Quel est ton sport d'équipe favori?
   _____
3. Quel est ton sport individuel favori?
   _____
4. Tu supportes quel club de football?
   _____
5. Est-ce que tu es membre d'un club?
   _____
6. Comment s'appelle ton club?
   _____
7. Quand est-ce que tu t'entraînes?
   _____
8. A l'école, quel sport est-ce que tu dois faire?
   _____

Je m'entraîne au football tous les jours

Mon club de gymnastique s'appelle 'L'Olympique'

Je sais faire de la planche à voile

Le jogging est mon sport individuel favori

INVITATION AU FRANÇAIS

ON S'AMUSE

Le mot caché
Example: Pour nager tu dois avoir . . . ton maillot de bain.

1. Pour faire du cyclisme, vous devez avoir
2. Pour faire de l'équitation, Monique doit avoir
3. Pour jouer au tennis, nous devons avoir
4. Pour jouer au rugby, vous devez avoir
5. Pour faire du tir à l'arc, les enfants doivent avoir
6. Pour jouer au golf, je dois avoir
7. Pour faire du ski, vous devez avoir
8. Pour faire de la voile, Pierre doit avoir

L   un arc et des flèches
S   un cheval
E   une bicyclette
A   mes clubs et mes balles
A   un ballon oval
E   un petit bateau à voile.
C   une raquette et des balles
D   une paire de skis et des bâtons

Pierre fait de l' _ _ _ _ _ _ _ _
à la montagne?

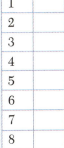

Le français en classe

– Isabelle, récite le poème, s'il te plaît.
– Je suis désolée, Monsieur,
    je ne sais pas le poème.
– Delphine?
– Oui, monsieur, je sais le poème.

Unité 8

Ton école finit à quelle heure?

Many children get their first digital watch at the age of four or five when they start counting because the digital way of telling the time is much easier than the traditional way – children just read the numbers they see on their watch.

Working parents often send their young children to 'l'école maternelle' from the age of three. This type of school is not compulsory. Children paint and draw, learn songs and play a lot.

School becomes compulsory at the age of six and when children go to 'l'école primaire' until the age of eleven. Then pupils go to secondary schools, which are all mixed. They spend four years at 'le collège' and leave at the age of fifteen after taking an exam called 'le Brevet'. The following year, they go to 'le lycée' where they spend three years and prepare for 'le Baccalauréat'. Many then go on to 'l'université' also called 'la faculté'.

In this chapter you will learn how to:
– tell the time
– say which school you go to
– say which class you attend
– list the subjects you learn
– say which subject you like and why

In the grammar section, you will learn about:
– the regular verbs ending in –IR
– the irregular verb PRENDRE and other related verbs.

Quelle heure est-il?

— Quelle heure est-il à l'horloge de l'église?
— Il est onze heures et quart.

— Quelle heure est-il à ta montre?
— Il est une heure moins dix.

— Quelle heure est-il à l'horloge du bureau?
— Il est cinq heures vingt-cinq.

Il est une heure. | Il est deux heures cinq. | Il est trois heures et quart. | Il est quatre heures vingt. | Il est cinq heures vingt-cinq.

Il est six heures moins vingt-cinq. | Il est sept heures moins le quart. | Il est huit heures moins dix. | Il est neuf heures moins cinq.

Il est midi. | Il est minuit. | Il est midi et quart. | Il est minuit et demi.

INVITATION AU FRANÇAIS

TON ÉCOLE FINIT À QUELLE HEURE?

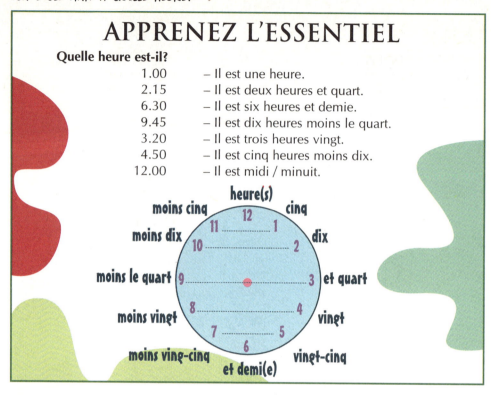

APPRENEZ L'ESSENTIEL

Quelle heure est-il?

1.00	– Il est une heure.
2.15	– Il est deux heures et quart.
6.30	– Il est six heures et demie.
9.45	– Il est dix heures moins le quart.
3.20	– Il est trois heures vingt.
4.50	– Il est cinq heures moins dix.
12.00	– Il est midi / minuit.

ECOUTEZ
Match the owner's name to the correct watch.

1. Martine
2. Lucas
3. Samson
4. Denise
5. Mme Pottier
6. M. Cordier
7. Joseph
8. Caroline

142

INVITATION AU FRANÇAIS

Ecoutez et Ecrivez

WRITE THE MISSING WORD THEN WRITE THE TIME IN FIGURES.

Example: Il est . . . *trois* . . . heures et quart   3.15

1 Il est six heures _____ le quart
2 Il est une _____ vingt-cinq
3 Il est midi moins _____
4 Il est _____ heures dix
5 Il est _____ heures vingt
6 Il est _____ heures cinq
7 Il est sept heures et _____
8 Il est _____ heures moins vingt-cinq

Ecrivez

Write down each of the following times.

1
2
3
4

5
6
7
8

TON ÉCOLE FINIT À QUELLE HEURE?

Ecoutez et Lisez

A QUELLE HEURE?

1
- Ton école commence à quelle heure?
- Mon école commence à huit heures et demie.
- Et elle finit à quelle heure?
- Elle finit à cinq heures.
- C'est long!

2
- Le match de foot à la télé commence à quelle heure?
- Il commence à trois heures précises
- Et après? Qu'est-ce qu'il y a?
- Il y a un film d'*Indiana Jones* à cinq heures.
- Le film finit à quelle heure?
- Il finit à sept heures précises.

3
- Le match de boxe finit à quelle heure?
- Il finit à minuit et quart.
- Après ça, qu'est-ce qu'il y a?
- Après ça, c'est fini. Il y a l'hymne national. Les programmes finissent à minuit vingt.

4
- Salut, Marc. Tu vas à la disco ce soir?
- Oui, bien sûr. Elle commence à quelle heure?
- À 10 heures . . .
- Elle doit finir à quelle heure?
- A 2 heures ou 3 heures du matin.

5
- Monsieur Chabrol, vous arrivez à votre bureau à quelle heure?
- J'arrive à mon bureau à huit heures.
- Vous commencez à huit heures?
- Non, je regarde mon journal. Je commence le travail à huit heures et demie.

INVITATION AU FRANCAIS

APPRENEZ L'ESSENTIEL

A quelle heure est-ce que . . . le match . . . commence? / finit?
　　　　　　　　　　　　　　　le film
　　　　　　　　　　　　　　　le concert
　　　　　　　　　　　　　　　le programme musical

Qu'est-ce qu'il y a . . . à la télé?
　　　　　　　　　　　　à la radio?
　　　　　　　　　　　　au cinéma?
　　　　　　　　　　　　au programme?

Il y a . . . un bon film . . . à la télé.
　　　　　　un match de boxe
　　　　　　un concert de musique classique
　　　　　　un programme sur les animaux
　　　　　　un documentaire

ECOUTEZ

What event is being talked about? When does it start and end?

		Event	Start	End
1	Dominique	....	....	....
2	Patricia	....	....	....
3	Edouard	....	....	....
4	Charlotte	....	....	....
5	Eric	....	....	....
6	Jeanne	....	....	....

DIALOGUE

You ask your friend at what time the following events begin and end. He / she gives you the answer.

3:45 → 5:15　　2:10 → 3:40　　9:30 → 12:30

TON ÉCOLE FINIT À QUELLE HEURE?

LA GRAMMAIRE

Les verbes réguliers (le deuxième groupe)

All the regular verbs you have learned so far have their infinitive ending in –ER (danser / regarder / écouter / travailler).

Another group of regular verbs has its infinitive ending in –IR. They are all conjugated like FINIR. For example, applaudir, blanchir, choisir, définir, démolir, grandir, jaunir, punir, rougir, vieillir.

FINIR	APPLAUDIR
Je fini**s**	J'applaudi**s**
Tu fini**s**	Tu applaudi**s**
Il/Elle fini**t**	Il/Elle applaudi**t**
Nous fini**ssons**	Nous applaudi**ssons**
Vous fini**ssez**	Vous applaudi**ssez**
Ils/Elles fini**ssent**	Ils/Elles applaudi**ssent**

First remove the infinitive ending –IR, then add the endings of the present tense:

Je .... is
Tu .... is
Il/Elle .... it
Nous .... issons
Vous .... issez
Ils/Elles .... issent

Ecrivez

In your copy conjugate completely each of the following verbs:
ROUGIR / CHOISIR / DÉMOLIR.

Je rougis
Tu . . . .

Je choisis
Tu . . . .

Je démolis
Tu . . . .

Ecrivez

Write the correct form of the verbs in the present tense.

1. (Finir) L'école _____ à 4 heures et demie.
2. (Rougir) Pierre _____ quand il rencontre Danielle.
3. (Grandir) Les enfants _____ très vite.
4. (Applaudir) Nous _____ les clowns.
5. (Jaunir) La forêt _____ en automne.
6. (Punir) Le professeur ne _____ pas les bons élèves.
7. (Finir) Je _____ mon travail à six heures.
8. (Choisir) Est-ce que vous _____ un livre?
9. (Finir) Le samedi, nous _____ à midi.

Ecoutez et Ecrivez

WRITE IN THE MISSING TIMES IN FIGURES

SALUT À TOUS! Je m'appelle Martine et j'ai 15 ans. Je vais au collège Beaumarchais à Grenoble, et je suis en classe de Quatrième. Tous les jours, je quitte la maison à _____ et je vais au collège en autobus. Les cours commencent à _____ . A dix heures et demie, nous avons une récréation d'une demi-heure. Nous mangeons à la cantine à _____ et les cours recommencent à une heure et demie de l'après-midi. Ils finissent à _____ et je retourne à la maison. J'arrive chez moi à _____ et je commence mes devoirs. D'habitude, je finis mes devoirs à _____ . Nous mangeons le dîner, puis je parle avec mes parents. Après ça, je regarde la télé de huit heures à _____ . Finalement, je vais au lit à _____ .

1. In which class is Martine at school?
2. What does she do everyday at 8 o'clock?
3. How does she go to school?
4. What happens at 8.30?
5. How long does the break last?
6. How long does Martine have for lunch?
7. What does she do at 4.30?
8. What does she do after that?

TON ÉCOLE FINIT À QUELLE HEURE?

Ecoutez et Lisez

A L'ÉCOLE

1
— Jeannot, tu as dix ans et tu vas à l'école primaire, n'est-ce pas?
— Oui, je vais à l'école primaire.
— Qu'est-ce que tu apprends à l'école?
— J'apprends à lire, à écrire et à compter.

2
— Sophie, quel âge as-tu?
— J'ai 14 ans.
— Tu vas au collège ou au lycée?
— Je vais au collège.
— Tu es en quelle classe?
— Je suis en Troisième. Je passe le Brevet en juin cette année.

3
— Michel, tu as seize ans, n'est-ce pas?
— Oui, j'ai seize ans depuis le 12 mars.
— Comment s'appelle ton lycée?
— C'est le lycée Beaudelaire.
— Tu es en quelle classe?
— Je suis en Seconde.

4
— Stéphanie, tu as 18 ans, n'est-ce pas?
— Oui, j'ai 18 ans depuis le 20 avril.
— Tu es en quelle classe?
— Je suis en Terminale.
— Tu passes un examen cette année?
— Bien sûr! Je passe le Baccalauréat. C'est très important!

INVITATION AU FRANÇAIS

5
- Qu'est-ce que tu aimes à l'école?
- J'aime la récréation, mes copains, le sport et mon prof de français.
- Qu'est-ce que tu n'aimes pas?
- Je déteste les devoirs, les classes de maths, le lundi matin et mon prof de géo.

6
- Tu apprends combien de matières au collège?
- J'apprends huit matières.
- Quelle est ta matière favorite?
- Je préfère le français. C'est très intéressant.
- Quelle matière est-ce que tu détestes?
- Je déteste les maths. C'est trop difficile!

7
- Christophe, tu travailles bien à l'école?
- Oui, ça va. Mes résultats sont bons. Je suis fort en français, en maths et en sciences. Je suis moyen en histoire, en géographie et en anglais.
- Et en sport?
- Je suis faible en sport. Je ne suis pas sportif du tout.

ECOUTEZ
Describe how old each pupil is, which type of school and which class he / she is in.

		Age	School	Class
1	Monique	.....	.....	.....
2	David	.....	.....	.....
3	Eric	.....	.....	.....
4	Pauline	.....	.....	.....

149

TON ÉCOLE FINIT À QUELLE HEURE?

APPRENEZ L'ESSENTIEL

- Je vais à l'école maternelle / à l'école primaire / au collège / au lycée / à l'université.

- J'apprends à lire / à écrire / à compter.

- Je passe le Brevet / le Baccalauréat.

- J'apprends huit matières: le français, les mathématiques, l'histoire, la géographie, les sciences naturelles (la chimie / la physique / la biologie), l'anglais, la musique, le dessin.

- En Irlande, tu apprends le gaélique.

- Ma matière favorite est le français parce que . . . c'est facile
                  le prof est gentil.
                  les leçons sont intéressantes.

- Je déteste les maths parce que . . . c'est trop difficile.
                  le prof est strict.
                  j'ai beaucoup de devoirs.

- Je suis   fort / forte   en français
           moyen / moyenne   en maths
           faible   en sciences

LA GRAMMAIRE

Le verbe PRENDRE et sa famille
PRENDRE means 'to take' and it is an irregular verb.

Je prends	I take
Tu prends	You take
Il/Elle prend	He / she takes
Nous prenons	We take
Vous prenez	You take
Ils/Elles prennent	They take

Verbs of the same family include Apprendre (to learn), Comprendre (to understand) and Surprendre (to surprise).

INVITATION AU FRANCAIS

Ecrivez

Tu apprends quelles matières?

1. Sophie et Pierre _____

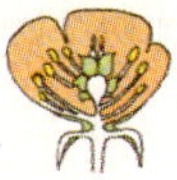

2. Nous _____

3.  Est-ce que _____ ?

4. Moi, je _____

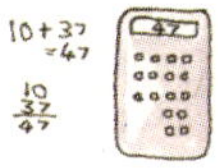

5. 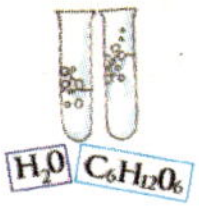 Sophie et Pierre _____

6. Nous _____

LISEZ

Explain why you like / dislike your school subjects.

J'aime	le français		j'ai beaucoup de devoirs.
	l'anglais		le prof est très strict.
	les maths		je ne comprends pas.
	les sciences		c'est difficile
Je n'aime pas	l'histoire	**parce que**	c'est facile.
	la géographie		j'ai des notes excellentes.
Je déteste	le sport		je suis très artistique.
	la musique		je n'ai pas de mémoire.
	le dessin		c'est très intéressant.
			j'ai beaucoup d'énergie.
			j'aime la nature.
			mes résultats sont bons.

TON ÉCOLE FINIT À QUELLE HEURE?

Écoutez et Écrivez

WRITE IN THE CORRECT TIME FOR EACH ACTIVITY

Rémy Marchand est en Irlande pour trois semaines. Il fait un échange avec Kevin O'Meara, et il va à l'école de Kevin. Rémy nous parle d'une journée typique à l'école.

Le lundi: une journée typique

à [ ] je quitte la maison avec Kevin.

à [ ] nous prenons l'autobus.

à [ ] nous arrivons à l'école.

à [ ] le premier cours commence. C'est un cours d'anglais. Chaque cours dure 40 minutes.

à [ ] nous avons un cours d'histoire.

à [ ] le troisième cours est un cours de maths.

à [ ] c'est la récréation; elle dure un quart d'heure.

à [ ] la cloche sonne et nous retournons en classe. Nous avons un cours de gaélique. Je ne comprends pas le gaélique.

à [ ] nous avons deux classes de sport. J'adore ça!

à [ ] c'est le déjeuner. Je mange mes sandwichs.

à [ ] le déjeuner est fini. Nous avons trois cours l'après-midi: la géographie, le français (c'est facile) et le dessin.

à [ ] l'école est finie. Je retourne à la maison avec Kevin.

Le mercredi: c'est différent

à [ ] nous avons six cours et nous retournons à la maison.

DIALOGUE

Ask your friend at what time he / she . . .

– eats breakfast
– arrives at school
– starts classes
– finishes school
– arrives home.

– does homework
– watches TV
– eats dinner
– goes to bed

LISEZ

SALUT! Je m'appelle Didier Mazure et j'ai douze ans. Je vais au Collège Lavoisier à Strasbourg. C'est un grand collège mixte. Nous sommes huit cents élèves: garçons et filles. Je suis en classe de Cinquième. Dans ma classe, il y a vingt-huit élèves. C'est beaucoup! J'apprends huit matières. Ma matière favorite est le français parce que c'est facile et mon professeur est très gentil. J'adore aussi le sport et la musique. Je n'aime pas les mathématiques parce que c'est difficile.

1. What type of school does Didier attend?
2. Which class is he in?
3. How many pupils are there in the school?
4. How many pupils are in his class?
5. Why is French his favourite subject?
6. What subject does he dislike? Why?

BONJOUR! Je m'appelle Amélie et j'ai quinze ans. Mon école s'appelle le Collège Sainte-Geneviève et je suis en Troisième. Il y a six cent cinquante élèves dans mon collège. Dans ma classe, nous sommes seize garçons et sept filles. Nous apprenons le français et les maths, l'histoire et la géographie, la physique et la chimie. Nous faisons aussi de la musique, du dessin et du sport. Ma matière favorite est les maths. Je déteste le dessin parce que je ne suis pas artistique, mais je suis très sportive. Je fais du judo et je m'entraine trois fois par semaine.

1. In which class is Amélie?
2. How many pupils are in her school? In her class?
3. Which sciences does she study?
4. What does she think of mathematics?
5. Why does she dislike art?
6. Which sport does she do? How often does she train?

TON ÉCOLE FINIT À QUELLE HEURE?

Ecrivez

The following sentences describe a day in the life of a 15-year-old French student. Adapt these sentences to describe your own school day.

Example: – Mon école commence à 8 heures et demie.
– *Mon école commence à neuf heures.*

1. Mon école finit à 4 heures et demie.
2. Il y a sept cours par jour.
3. Chaque cours dure une heure.
4. Je vais à l'école le samedi matin.
5. Nous avons deux récréations par jour.
6. Nous avons une heure pour manger à la cantine.
7. Je fais du sport deux fois par semaine.
8. Je n'ai pas d'uniforme.
9. Je ne vais pas à l'école le mercredi.
10. Je prépare le Brevet.

Ecrivez

Questions personnelles. Answer with a complete sentence.

1. Comment s'appelle ton école? _____
2. C'est une école mixte? _____
3. Tu es en quelle classe? _____
4. Il y a combien d'élèves dans ta classe? _____
5. Tu apprends combien de matières? _____
6. Quelle est ta matière favorite? _____
7. Quelle matière est-ce que tu détestes? _____
8. Est-ce que tu vas à l'école le samedi? _____

INVITATION AU FRANÇAIS

ON S'AMUSE

Connect the following words and the subjects they are used in, then discover the hidden word.

1 l'athlétisme – le cyclisme – la natation
2 une addition – une soustraction – une division
3 la France – l'Irlande – l'Europe
4 Jules César – Jeanne d'Arc – Napoléon
5 une guitare – un violon – une trompette
6 du papier – un crayon – des couleurs
7 les plantes – les animaux – les poissons
8 le Brevet – le Baccalauréat
9 Roald Dahl – Judy Blume – Tolkien
10 un exercice – une leçon – un problème

U l'anglais
T la biologie
I l'histoire
R les mathématiques
A le dessin
E les examens
N la musique
O le sport
D la géographie
R les devoirs

En classe d'informatique,
je travaille avec
un _ _ _ _ _ _ _ _ _ _ .

1	
2	
3	
4	
5	
6	
7	
8	
9	
10	

Le français en classe

– La classe est finie. Maintenant, vous pouvez ranger vos affaires.
– Madame, je peux effacer le tableau?
– Si tu veux. Merci bien.

Unité 9

Il fait beau aujourd'hui

French tourists who spend their holidays in France usually stay in the southern half of the country, below the river Loire. 'La Loire' roughly divides France into two distinct climatic zones. 'Au sud de la Loire' is mostly bright, warm and sunny. 'Au nord de la Loire' tends to be colder and more humid.

In many country homes people keep a traditional type of barometer. It is a small wooden box designed like a house with two doors at the front. When the weather is fine, a woman comes out wearing a straw hat and carrying a basket full of flowers – 'Il fait beau.' When the weather is bad, a man comes out wearing a raincoat and carrying an umbrella – 'Il fait mauvais.' No need to look out of the window to see what the weather is like!

In this chapter you will learn how to:
- describe the weather
- list the seasons
- understand the weather forecast
- say what you do according to the weather
- say when you are feeling warm or cold.

In the grammar section, you will learn about:
- how to give a few orders
- the verb AVOIR (revision)
- the irregular verb VOIR.

156

INVITATION AU FRANCAIS

Ecoutez et Répétez

QEUL TEMPS FAIT-IL?

1
— Quel temps fait-il dans le sud de la France?
— Il fait beau; le soleil brille et le ciel est bleu.

2
— Quel temps fait-il en Normandie?
— Il fait mauvais; il pleut et le ciel est gris.

3
— Quel temps fait-il dans les Alpes?
— Il fait froid; il gèle. La température est de moins trois degrés et il neige aussi.

4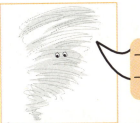
— Quel temps fait-il dans le Nord?
— Il y a du brouillard. La visibilité est mauvaise.

5
— Il fait beau au bord de la mer?
— Non. Il y a du vent et des nuages. Nous avons une tempête.

6
— Est-ce qu'il fait beau à Paris?
— Il y a des éclairs et du tonnerre. Nous avons un orage.

IL FAIT BEAU AUJOURD'HUI

7
— C'est quelle date, aujourd'hui?
— C'est le 21 mars. Regarde, il fait beau et le ciel est bleu. La température est de huit degrés.
— Eh oui, c'est le premier jour du printemps.

8

— Cet été, je vais chez mon oncle. Il a une villa à Nice, sur la Côte d'Azur.
— Il fait beau à Nice?
— Oui, il fait très beau. En été, il fait chaud, le soleil brille tous les jours, et le ciel est toujours bleu.

9
— Eh, Catherine, quel temps fait-il ce matin?
— Je ne sais pas.
— Regarde par la fenêtre!
— Il y a des nuages et il pleut.
— C'est l'automne. Moi, je retourne au lit.

10

— Tu vas dans les Alpes cet hiver?
— Oui, je vais passer Noël à Chamonix.
— Une semaine dans la neige! C'est chouette! Moi, je reste à Paris, sous la pluie.

rester – *to stay*
la pluie – *the rain*

APPRENEZ L'ESSENTIEL

Quel temps fait-il aujourd'hui?

Il fait beau

Il y a du soleil
Le soleil brille
Il fait chaud
Le ciel est bleu

Il fait mauvais
Il pleut
Il neige
Il fait froid
Il gèle
Il y a du vent
Le vent souffle
Il y a du brouillard
Il y a des nuages
Il y a des éclairs
Il y a du tonnerre
Il grêle.
Il y a une tempête
Il y a un orage.

La température est de 5 degrés / de moins 5 degrés.

Les saisons
Le printemps / l'été / l'automne / l'hiver.
Au printemps / en été / en automne / en hiver.

ECOUTEZ

For each town indicate the date, the weather and the temperature.

		La date	Le temps	La température
1	Paris	....	....	....
2	Marseille	....	....	....
3	Strasbourg	....	....	....
4	Nantes	....	....	....
5	Grenoble	....	....	....
6	Bayonne	....	....	....

IL FAIT BEAU AUJOURD'HUI

Ecrivez

Quel temps fait-il?

_____   _____   _____   _____

_____   _____   _____   _____

_____   _____   _____   _____

Ecrivez

Dans la classe / dans la chambre, il fait chaud. Regarde par la fenêtre et décris le temps d'aujourd'hui. Tick ✔ if it is true. Cross ✘ if it is not true. For each X sentence write its negative form.

Aujourd'hui, c'est le _____
- ❑ Il fait beau. _____
- ❑ Il fait chaud. _____
- ❑ Il pleut. _____
- ❑ Le vent souffle. _____
- ❑ Le ciel est bleu. _____
- ❑ Il neige. _____
- ❑ Il fait froid. _____
- ❑ Il gèle. _____
- ❑ Le soleil brille. _____
- ❑ Il y a des nuages. _____

INVITATION AU FRANCAIS

LISEZ

Le temps et les saisons

Write the name of the correct season.

Au printemps / En été / En automne / En hiver

A _____, il fait très froid. De temps en temps, il neige et il gèle.
B _____, le soleil brille, le ciel est bleu, il fait assez chaud et il ne pleut pas.
C _____, il y a du vent et des nuages. Il pleut beaucoup, il ne fait pas très chaud.
D _____, il fait beau, il y a du soleil et le ciel est bleu, mais il ne fait pas chaud.

Ecrivez

Write two or three short sentences (positive or negative) desciribing the weather in each of the following pictures.

1 _____
2 _____
3 _____
4 _____
5 _____
6 _____

IL FAIT BEAU AUJOURD'HUI

LISEZ

Deux lettres

La Rochelle, le 20 juillet.

Chère Sharon,
Ma famille et moi, nous passons les vacances d'été au bord de la mer. Deux semaines loin de Paris, c'est fantastique! Nous avons une jolie villa près de la plage. Ici, le temps est magnifique. Il fait beau tous les jours, le soleil brille et le ciel est bleu, pas un seul nuage! Tous les matins, je vais à la plage et je fais de la natation. Je suis bien bronzée. Mes frères ont un petit bateau et ils font de la voile. A Paris, il pleut et il fait froid en ce moment. Les touristes ne sont pas contents. Nous rentrons à Paris le 30 juillet. Où est-ce que tu passes tes vacances?
        A bientôt.
        Ton amie, Elodie.

1. Where is Elodie spending her holidays?
2. Where is her villa situated?
3. What is the weather like?
4. What does she do every morning?
5. What do her brothers do?
6. Who is not happy? Why?

Chamonix, le 12 avril.

Cher Kevin,
Je passe les vacances de Pâques à la montagne avec ma famille. Nous avons un appartement dans un hôtel dans le centre de Chamonix dans les Alpes. Ici, il fait très froid. La température est de moins trois degrés le jour et moins cinq la nuit. Il y a de la neige partout et la ville est toute blanche. Il y a trente centimètres de neige dans les rues. Je fais du ski et de la luge, mais je préfère la luge. C'est plus amusant et plus facile. Ma soeur Lucie préfère le patinage sur glace. Elle va tous les jours à la patinoire. Nous retournons à Paris dans trois jours. Quand est-ce que tu retournes à l'école?
        A bientôt.
        Ton ami, David.

1. What type of holiday is David describing?
2. Where is he staying?
3. What is the weather like?
4. Which sport does he prefer? Why?
5. What does his sister do every day?
6. When is he going back to Paris?

INVITATION AU FRANCAIS

DIALOGUE

Le temps aujourd'hui

You are in the south of France, speaking on the phone to your friend who stayed in Ireland. You wish to know about the weather in Ireland. Your friend answers that it is awful / wet / cold / cloudy. You want to know what he / she is doing today.
Then he / she asks you about the weather in France. Tell him / her that it is fine / warm / sunny / dry. He / she wants to know what you are doing today.

LISEZ

Les activités selon le temps. Tick the most obvious answer.

1   Quand il pleut . . .
❐ je vais jouer au tennis.
❐ je joue au football.
❐ je reste à la maison.
❐ je vais à la plage.

2   Quand il y a beaucoup de soleil . . .
❐ vous restez au lit.
❐ vous faites une promenade dans le parc.
❐ vous regardez une vidéo.
❐ vous faites vos devoirs.

3   Quand il gèle . . .
❐ nous allons au bord de la mer.
❐ nous jouons à la pétanque.
❐ nous faisons du cyclisme.
❐ nous faisons du patinage sur le lac.

4   Quand il fait très chaud . . .
❐ Michel reste dans sa chambre.
❐ il va nager à la piscine.
❐ il va faire du ski.
❐ il fait le repassage.

5   Quand il fait très mauvais. . .
❐ les enfants jouent au tennis.
❐ ils regardent la télévision.
❐ ils vont à la plage.
❐ ils font de la voile sur le lac.

IL FAIT BEAU AUJOURD'HUI

 **Ecrivez**

Describe the following pictures with a complete sentence.

1  Quand _____ , je _____

2    Quand _____ , je _____

3   Quand _____ , je _____

4  Quand _____ , je _____

Ecoutez et Répétez

1 QU'EST-CE QUE LA MÉTÉO PRÉVOIT?

– Pour demain, la météo prévoit du mauvais temps sur toute la France.

– Pour le week-end, la météo prévoit des nuages et de la pluie sur le nord de la France.

– Pour le 14 juillet, la météo prévoit du beau temps et de la chaleur à Paris.

– Pour Noël, la météo prévoit de la neige en montagne.

INVITATION AU FRANCAIS

2

— Il fait froid, mais nous avons chaud.

— Dans la maison, il fait froid. Moi, j'ai froid. J'allume le feu dans la cheminée.

3 QUELQUES CONSEILS

— J'ai trop chaud!

- Ouvre la fenêtre.
- Enlève ton pullover.
- Arrête le chauffage central.

— J'ai trop froid!

- Ferme la fenêtre.
- Mets ton manteau.
- Allume le chauffage central.

APPRENEZ L'ESSENTIEL

La météo prévoit du beau temps / du mauvais temps / de la pluie / de la neige / de la chaleur / des nuages / du brouillard / de la tempête / un orage sur toute la France.

J'ai
Tu as
Il a
Elle a   } (trop) chaud.
Nous avons   (trop) froid.
Vous avez
Ils ont
Elles ont

Tu as trop chaud? Enlève ton pullover.
Ouvre la fenêtre / la porte.
Arrête le chauffage central.

Tu as trop froid? Mets ton pullover.
Ferme la fenêtre / la porte.
Allume le feu dans la cheminée.

IL FAIT BEAU AUJOURD'HUI

ECOUTEZ

Le bulletin météorologique. Give the date / location / weather?

	Date	Location	Weather
1	....	....	....
2	....	....	....
3	....	....	....
4	....	....	....
5	....	....	....

LA GRAMMAIRE

Le verbe VOIR

VOIR means 'to see'. It is an irregular verb to be learned off by heart.

Je vois	I see
Tu vois	You see
Il / Elle voit	He / she sees
Nous voyons	We see
Vous voyez	You see
Ils / Elles voient	They see

– De ma fenêtre, je vois la Tour Eiffel.

– Est-ce que vous voyez l'Arc de Triomphe?

It is used in PRÉVOIR (to forecast or to foresee) and in REVOIR (to see again).

Ecrivez

Write the correct form of the verb in each sentence.

1 (Prévoir) Pour le week-end, la météo _____ du soleil.
2 (Voir) De ma chambre, je _____ les montagnes.
3 (Voir) Est-ce que vous _____ la Tour Eiffel?
4 (Voir) Nous ne _____ pas les difficultés.
5 (Prévoir) Le journaliste _____ la victoire de l'équipe de France.
6 (Voir) Les touristes _____ les monuments historiques.
7 (Prévoir) Est-ce que tu _____ de la neige pour lundi?
8 (Voir) Je ne _____ pas le problème.

INVITATION AU FRANCAIS

Ecrivez

AVOIR CHAUD / AVOIR FROID?
Complete the following sentences according to the example.

Example: Je ferme les fenêtres parce que . . . *j'ai froid.*

Vous ouvrez les fenêtres parce que
_____

2   J'ouvre la porte parce que _____
3   Tu mets ton pullover parce que _____
4   Catherine ferme la porte parce qu' _____
5   Nous allumons le chauffage central parce que _____
6   Tu arrêtes le radiateur parce que _____
7   Michel enlève son pullover parce qu' _____
8   Tu ouvres la porte parce que _____

ECOUTEZ
What are each of these people complaining about and what should he/she do?

		Complaining about	What should he/she do?
1	Patricia	....	....
2	Jérôme	....	....
3	Natalie	....	....
4	Pascal	....	....
5	Mme Sorel	....	....
6	M. Valois	....	....

IL FAIT BEAU AUJOURD'HUI

Ecoutez et Ecrivez

FILL IN THE MISSING WORDS

> soeur – neige – fenêtre – jardin – ski – gèle
> – chaud – famille – chalet – montagne

Je m'appelle Monique Chabert et en ce moment ma _____ et moi, nous passons les vacances de Noël dans les Alpes. Nous habitons un vieux _____ . Il n'est pas moderne et confortable, mais il est très pittoresque. De la _____ de la cuisine, je vois le sommet du Mont Blanc; il est couvert de _____ . Dans le salon, il y a une grande cheminée. En ce moment, il _____ , alors j'allume un grand feu, et nous avons très _____ . J'adore le feu à la cheminée. Quand il neige, ma petite _____ adore jouer dans le _____ . Elle fait un grand bonhomme de neige. Moi, je fais du _____ et de la luge sur les pistes. Ici, à la _____ , il y a beaucoup d'activités, et tout le monde adore les sports d'hiver.

> un bonhomme de neige – *a snowman*
> tout le monde – *everybody*

① Describe the house where Monique lives.
② What can she see from her kitchen window?
③ How does she keep the house warm?
④ What does her little sister enjoy doing?

LISEZ

INVITATION AU FRANCAIS

Manosque, le 25 mai

CHER KIERAN,

Je suis ton nouveau correspondant français. Je m'appelle Christophe et j'ai quatorze ans. Mon anniversaire est le 20 décembre et mon signe du zodiac est le Sagittaire. J'habite à Manosque dans les Alpes de Haute Provence dans le sud–est de la France. Manosque est une jolie ville de 25.000 habitants, située près des montagnes et de la Mer Méditerranée. J'adore habiter à Manosque. En été, il fait très chaud et le soleil brille très fort. Le ciel est bleu tous les jours. Pendant les vacances, j'adore aller à la piscine ou faire du cyclisme sur les petites routes. Le soir, quand il fait moins chaud, j'aime faire une promenade en ville ou bavarder avec mes copains sur la place du marché. Le week–end, nous allons à la plage et nous nageons dans la mer. L'eau est chaude! En hiver, il fait très froid à Manosque. Il neige et il gèle régulièrement. Avec ma famille, nous allons en montagne pour faire du ski. C'est mon sport préféré. Et toi? Es–tu sportif? Quels sports est–ce que tu pratiques?

Ecris-moi vite.
A bientôt.   Christophe.

nouveau / nouvelle – *new*
fort – *strong(ly)*

1   What do you know about Christophe's identity?
2   What kind of a town is Manosque? Where is it situated?
3   What is the weather like in summer?
4   What does Christophe do during the summer holidays? in the daytime? in the evening?
5   What is the weather like in the winter?

IL FAIT BEAU AUJOURD'HUI

ON S'AMUSE

Le mot caché
Match the two halves of each sentence to discover a new word.

1 Je vais faire une promenade   I j'arrête le chauffage central.
2 J'allume le chauffage central   P tu enlèves ton pullover.
3 Nous ouvrons les fenêtres   A quand il fait froid.
   de la classe   E parce que le chauffage ne
4 Je fais du patinage   fonctionne pas.
5 Quand tu as chaud   P quand il fait beau.
6 Quand il neige   U la visibilité est mauvaise.
7 Quand il y a du brouillard   L je vais faire du ski.
8 Quand il fait chaud dans   A quand le lac est gelé.
   ma maison   R quand il fait chaud à l'école.
9 Je tremble de froid

Il pleut. Ouvre ton _____ !

1	
2	
3	
4	
5	
6	
7	
8	
9	

Le français en classe

– Je ne vois pas bien au tableau.
– Viens t'asseoir plus près !

Unité 10

Je suis à la mode

The French fashion industry is highly regarded worldwide. Some of the greatest 'couturiers' work in Paris and present their 'défilés de mode' in towns like London, Milan, New York and Tokyo. Clothes designed by the great 'maisons de mode' are featured in the pages of glossy magazines. They are very expensive, but their innovative lines are copied to allow the mass-production of cheaper clothes that everyone can afford.

In this chapter you will learn how to:
- list your various clothes
- say what you wear on certain occasions
- say whether your clothes fit or do not fit
- buy clothes.

In the grammar section, you will learn about:
- the irregular verb METTRE
- Je voudrais
- the forms of the adjective BEAU
- TROP + adjectives.

JE SUIS À LA MODE

Ecoutez et Répétez

1
— Qu'est-ce que tu portes, Catherine?
— Je porte mon pullover préféré, un jean, des bottes jaunes et mon bonnet rouge.

2
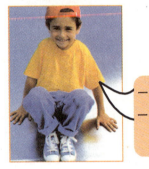
— Qu'est-ce que tu portes, Pierrot?
— Je porte mon T-shirt jaune, mon pantalon bleu, une paire de tennis et ma casquette rouge.

3
— Qu'est-ce que vous portez, Monsieur Valois?
— Je porte mon costume brun, mon manteau et une chemise jaune. Je ne porte pas de cravate.

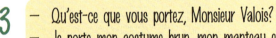

4

— Qu'est-ce que tu portes, Michel, pour faire du vélo?
— Je porte mon survêtement jaune, des baskets blanches, des gants et des lunettes de soleil.

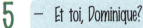

5
— Et toi, Dominique?
— Je porte une jupe bleue, un corsage blanc, des chaussures rouges et des chaussettes blanches. Je suis à la mode de 1960.

INVITATION AU FRANCAIS

6
— Qu'est-ce que tu mets quand il pleut, Danielle?
— Quand il pleut, je mets mon imperméable, un chapeau et des bottes.

7
— Qu'est-ce que tu mets quand il fait beau, Chantal?
— Quand il fait beau, je mets un T-shirt, une jupe et des sandales.

8 — Quand il fait froid, je mets mon manteau, mes gants, une écharpe et mon bonnet de laine.

9
— Quand je vais faire une promenade je mets un pull bien chaud et une chemise en coton.

10 — Pour aller nager, je mets mon maillot de bain bleu ciel. Ma copine Catherine met son bikini.

11
— Qu'est-ce que le bébé porte sur la photo?
— Il ne porte rien. Il est tout nu!

JE SUIS À LA MODE

APPRENEZ L'ESSENTIEL

– Qu'est-ce que tu mets?   – What do you put on?
– Qu'est-ce que tu portes? – What are you wearing?

LES VÊTEMENTS

un pantalon

un chapeau

une casquette

un anorak

une jupe

une cravate

un manteau

une robe

des gants

un jean

une chemise

une écharpe

un imperméable

un corsage

un short

un maillot de bain

des chaussures

un pullover

des chaussettes

des bottes

une veste

des sandales

INVITATION AU FRANCAIS

ECOUTEZ
Qui est-ce? Write the name of the person being described.

1   David
2   Charles
3   Sébastien
4   Véronique
5   Suzanne
6   Yvonne

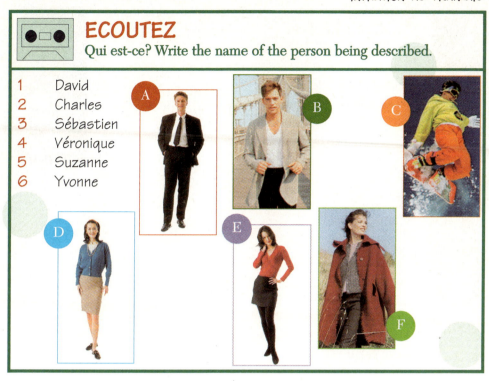

Ecrivez

Complete the following sentences.

1. Claudine porte une _____ rouge et un pullover _____ Ses sandales sont _____ et sa _____ est bleue.

2. Martine porte un jean et un _____ rouge. Son béret est _____ et ses _____ sont noires.

3. Marc porte un pullover _____ et un _____ vert. Ses _____ sont blanches.

175

JE SUIS À LA MODE

(4) Bruno a une _____ orange et noire. il porte aussi un T-shirt _____ , un _____ bleu et des _____ noires.

(5) Monique porte une _____ bleue et un _____ jaune. Son manteau est _____ et ses _____ sont blanches.

LA GRAMMAIRE

Le verbe METTRE

METTRE is an irregular verb that you must learn off by heart. It means 'to put' or 'to put on'.

Je mets	I put / I am putting
Tu mets	You put / You are putting (to a friend)
Il met	He puts / He is putting
Elle met	She puts / She is putting
Nous mettons	We put / We are putting
Vous mettez	You put / You are putting (polite or to a group)
Ils mettent	They put / They are putting (masculine or mixed)
Elles mettent	They put / they are putting (feminine)

Two verbs of the same family are permettre (to permit) and promettre (to promise).

ECOUTEZ

Where is each person going and what is he / she wearing?

		Going to	Wearing
1	Marielle	....	....
2	Jacques	....	....
3	François	....	....
4	Véronique	....	....
5	Pierre Alice	....	....

INVITATION AU FRANÇAIS

Ecrivez

Mon uniforme d'école. Describe the colours of each garment in your uniform (or the clothes you wear to school). (Mind the gender and number of adjectives)

– Pour aller à l'école, je dois mettre . . .

une jupe ou une robe _____
un pantalon _____
un corsage _____
une chemise _____
une cravate _____
un pullover _____
des chaussettes _____
des chaussures _____
un manteau _____

Ecrivez

Qu'est-ce qu'ils portent? Write a sentence to describe the clothes that each person is wearing.

1) Alex _____
_____
_____

2) Bertrand _____
_____
Alice _____
_____

3) Suzie _____
_____
_____

4) Delphine _____
_____
_____

177

JE SUIS À LA MODE

LISEZ

Tick the correct answer in each of the following statements.

1 Pour faire de l'équitation, je mets . . .
- ❑ un maillot de bain.
- ❑ une mini-jupe.
- ❑ un pantalon de cheval et des bottes.
- ❑ des sandales.

2 Quand il fait beau, nous mettons . . .
- ❑ un anorak.
- ❑ un manteau de fourrure.
- ❑ un imperméable.
- ❑ un T-shirt et un short.

3 Pour faire de la natation, je porte . . .
- ❑ mon pantalon long.
- ❑ mon maillot de bain.
- ❑ ma cravate.
- ❑ ma jolie robe.

4 Quand il fait très froid, nous mettons . . .
- ❑ une mini-jupe.
- ❑ une écharpe et des gants.
- ❑ un short.
- ❑ un chapeau de soleil.

5 Quand il pleut, je mets . . .
- ❑ ma chemise blanche.
- ❑ mon imperméable.
- ❑ mes chaussettes blanches.
- ❑ ma robe longue.

6 Quand il fait chaud, nous mettons . . .
- ❑ des bottes.
- ❑ des sandales.
- ❑ des gants de laine.
- ❑ une veste bien chaude.

7 Pour faire un bonhomme de neige, les enfants mettent . . .
- ❑ des sandales.
- ❑ des T-shirts.
- ❑ des gants.
- ❑ des cravates.

INVITATION AU FRANCAIS

Ecoutez et Lisez

- Comment s'appelle ton école, Sébastien?
- Je vais au collège Jean-Monet à Strasbourg. Et toi, Darren?
- Moi, je vais au Collège des 'Christian Brothers'. Je dois porter un uniforme quand je vais à l'école. Et toi, est-ce que tu portes un uniforme quand tu vas au collège, Sébastien?
- Non. Je porte un blue jean et une chemise de couleur, quand il fait beau. Quand il fait froid, je mets un pullover et un manteau ou un anorak. Ça dépend du temps.
- Et les filles, qu'est-ce qu'elles portent?
- Elles portent une robe ou une jupe avec un corsage ou un pullover. Il y a des filles qui viennent au collège en blue jean, ou en mini-jupe.
- Ça, c'est chouette!
- Oui, mais les professeurs ne sont pas contents. Il est comment ton uniforme, Darren?
- Je porte un pantalon gris, une chemise blanche avec une cravate, une veste grise et des chaussures noires. Ce n'est pas très élégant.
- Tu as raison.

Cherchez la phrase...

1. That depends on the weather.

   _____

2. That's great!

   _____

3. You are right.

   _____

VRAI OU FAUX?

1. Sébastien porte un uniforme à l'école.
2. Quand il fait chaud, Sébastien porte un anorak.
3. Les filles au collège de Sébastien ne portent pas d'uniforme.
4. Les filles n'ont pas la permission de porter un pantalon.
5. Les professeurs ne sont pas contents quand les filles portent des mini-jupes.
6. L'uniforme de Darren est noir et blanc.

JE SUIS À LA MODE

Ecoutez et Répétez

1
— Oh, Mireille, il est très beau ton chapeau. Il te va très bien.
— Merci du compliment.

2
— Bonjour, mademoiselle. Je voudrais une cravate en soie, s'il vous plaît?
— Oui, monsieur. Voici notre collection.
— Cette cravate bleue et blanche est très belle. Elle me va bien.

3
— Bonjour, madame. Je voudrais un pullover, s'il vous plaît.
— Oui, mademoiselle. De quelle couleur?
— Un pullover jaune.
— Voilà un pullover jaune. Essayez-le.
— Il est trop grand.
— Voilà un autre pullover.
— Il me va bien. Merci.

4
— Bonjour, madame, je voudrais une paire de tennis, s'il vous plaît.
— Oui, Monsieur. De quelle pointure?
— Du 38.
— Voyons. Essayez cette paire de tennis.
— Elles sont trop petites.
— Et cette paire?
— Elles sont trop grandes.
— Bon. Alors, essayez cette paire.
— Elles me vont bien.

APPRENEZ L'ESSENTIEL

– Je voudrais une paire de chaussures.
– De quelle pointure?
– Du 38.

– Je voudrais un T-shirt.
– De quelle couleur?
– Un T-shirt bleu.

– Essayez ce pantalon / cette robe / cet anorak / ces chaussures.

– Il est trop long / trop court / trop grand / trop petit.
– Elle est trop longue / trop courte / trop grande / trop petite.
– Il/elle me va bien. Ils/elles me vont bien.

ECOUTEZ

Qu'est-ce qu'ils achètent? Quel est le problème?

		Il / Elle achète	Le problème
1	Maurice	....	....
2	Cécile	....	....
3	Amélie	....	....
4	Marc	....	....
5	David	....	....

LA GRAMMAIRE

JE VOUDRAIS . . . (I would like . . .)
To express a desire, a wish or a need, you use the expression JE VOUDRAIS . . .

VOULOIR	
Je voudrais	I would like
Tu voudrais	You would like (to a friend)
Il/Elle voudrait	He/She would like
Nous voudrions	We would like
Vous voudriez	You would like (polite or to a group)
Ils/Elles voudraient	They would like

JE SUIS À LA MODE

LA GRAMMAIRE

L'adjectif irrégulier BEAU
BEAU means 'beautiful'. It varies according to the gender and number of the noun that it describes – beau/belle/beaux/belles.

Le manteau est **beau**   (masculine / singular)
La cravat est **belle**   (feminine / singular)
Ce cheval est un **bel** animal   (masculine / singular with a vowel or silent 'h')
Les corsages sont **beaux**   (masculine / plural)
Les chaussures sont **belles** (feminine / plural)

○ NOUVEAU meaning 'new' has the same forms as BEAU. It also varies according to the gender and number of the noun it describes – nouveau / nouvelle / nouvel / nouveaux / nouvelles.

Ecrivez

Write the correct form of BEAU in these sentences.

1
Catherine porte un _____ chapeau.

2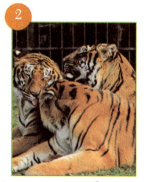
Les tigres sont des animaux très _____ .

3
Ces cravates sont très _____ .

4) Ta jupe rouge est très _____ , Marie.

5 Je voudrais ce _____ anorak rouge.

6) Nous habitons une _____ maison blanche.

7 L'officier porte un _____ uniforme.

8) Suzie a un _____ chien noir.

INVITATION AU FRANCAIS

Ecrivez

Use the following adjectives to describe their clothes.

long(ue)(s) / court(e)(s) / grand(e)(s) / petit(e)(s)

Example: – *Sa chemise est trop courte.*

1 _____

2 _____

3 _____

4 _____

5 _____

6 _____

7 _____

8 _____

183

JE SUIS À LA MODE

DIALOGUE

Imagine that you are in a shoe / clothes shop. Your neighbour plays the part of the shop assistant. You wish to buy the following:

1. A pair of shoes / size 38 / colour black. The first pair is too small. The second fits just right.
2. A jumper / colour red. The first one is too large.
3. Trousers or jeans / colour blue. The first one is too long.
4. A tie or scarf / red and white. The first one is very nice, it suits you.
5. A shirt / green and yellow. You do not like the first one.

LISEZ

QUI EST-CE? C'est le Père Noël. Il habite au Pôle Nord et il adore les petits enfants. Il descend par la cheminée le vingt-quatre décembre à minuit. Il porte un grand manteau rouge et blanc, un pantalon rouge et des bottes noires parce qu'il fait très froid à Noël et il y a de la neige partout. Il a aussi une belle barbe blanche, très longue. Il apporte des cadeaux pour les petits enfants: un nounours, une poupée ou un train électrique. Le Père Noël met les cadeaux dans les chaussures des enfants. Pour les grands enfants, il apporte des vêtements ou des CD. Il est très généreux.

Qui est-ce sur cette photo? C'est le Père Noël? Mais non, c'est mon oncle Arthur!

partout – *everywhere*
apporter – *to bring*
un cadeau – *a present*
un nounours – *a teddy bear*
une poupée – *a doll*

Répondez

1. When does Santa Claus come?
2. What does he wear?
3. Why is he dressed like this?
4. What does he bring to little children?
5. What does he bring to older children?
6. Who is actually in the photo?

JE SUIS À LA MODE

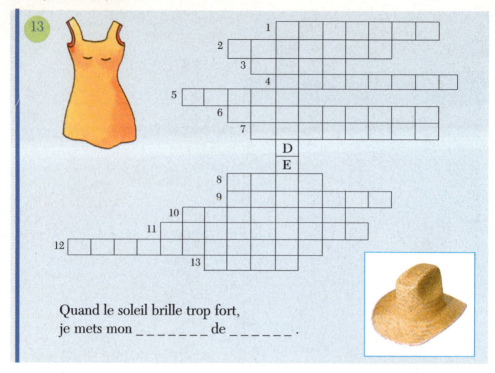

Quand le soleil brille trop fort,
je mets mon _ _ _ _ _ _ _ de _ _ _ _ _ _ .

Le français en classe

— Michel, on ne mange pas de chewing-gum en classe.
Va mettre ton chewing-gum à la poubelle s'il te plaît.
— Mais, ce n'est pas du chewing-gum, Monsieur.
— Qu'est-ce que tu manges, alors?
— C'est une pastille pour la gorge.

Unité 11

Je vais faire des courses

Although 'les supermarchés' and 'les hypermarchés' have grown like mushrooms in the suburbs of cities, French people remain attached to their traditional 'petites boutiques'. These essential shops are a vital part of each small village. First among them is 'la boulangerie' where hot, fresh bread and 'croissants' can be bought early each morning. For their meat, the French go to 'la boucherie' and 'la charcuterie'. 'La boucherie chevaline' is less common. Can you guess which type of meat it sells? At 'l'épicerie' one can purchase practically every kind of food and drink.

In this chapter you will learn how to:
- talk about shops and shopping
- express what you need to buy
- list what you can buy in the various shops
- name containers and quantities.

In the grammar section, you will learn about:
- the slightly irregular verb ACHETER
- the partitive article
- the verbs of the third regular group.

JE VAIS FAIRE DES COURSES

Ecoutez et Répétez

JE VAIS AUX MAGASINS

1
— Où est-ce que tu vas?
— Je vais à la boulangerie. Il me faut des croissants pour le petit déjeuner et une baguette pour le dîner.

2

— Tu vas faire des courses?
— Oui, je vais à la boucherie: il me faut trois biftecks pour le déjeuner, un poulet pour demain et un rôti de boeuf pour dimanche.

3
— Tu vas à la charcuterie?
— Oui, je vais acheter du jambon pour faire une quiche lorraine. Il me faut aussi des saucisses et des côtes de porc pour le barbecue.

4

— Qu'est-ce qu'il y a pour le dessert?
— Je vais à la pâtisserie pour acheter une tarte aux pommes.
— Moi, je préfère une tarte aux abricots.
— Bon, d'accord. Si tu veux, j'achète une tarte aux abricots.

Si tu veux – *If you want*

5
- Tu vas faire des courses?
- Oui, je vais chez le marchand de primeurs.
- Qu'est-ce que tu vas acheter?
- Il me faut des pommes de terre, des carottes, des petits pois et un chou.
- Attends-moi. Je viens avec toi.

6

- Bon, je vais à l'épicerie. Il me faut du sucre, du café et du chocolat. Qu'est-ce qu'il te faut?
- Achète-moi des biscuits, s'il te plaît.
- D'accord. Je reviens dans une heure.

7
- Je vais chez le marchand de journaux. Qu'est-ce qu'il te faut?
- Il me faut mon magazine sportif, s'il te plaît.
- D'accord. Donne-moi de l'argent, alors.
- Tiens, voilà trois euro.
- Merci. A tout à l'heure.

un journal – a *newspaper*
des journaux – *newspapers*
Tant pis – *Too bad*

8

- Tu vas faire les courses?
- Oui, je vais à la poissonnerie. Je vais acheter des maquereaux pour vendredi et des fruits de mer pour dimanche.
- Je n'aime pas le maquereau.
- Tant pis!

JE VAIS FAIRE DES COURSES

APPRENEZ L'ESSENTIEL

– Qu'est-ce qu'il te faut? / Qu'est-ce qu'il vous faut?
– Il me faut une baguette.

A la boulangerie, on achète du pain (une baguette). On achète aussi des croissants et des brioches.

A la boucherie, on achète de la viande: un bifteck, un rôti de boeuf, un rôti de veau, un gigot d'agneau. On achète aussi un poulet.

A la charcuterie, on achète de la viande de porc: des saucisses, des côtes de porc, un rôti de porc, du jambon, du pâté de campagne.

A la poissonnerie, on achète du poisson et des fruits de mer.

A la pâtisserie, on achète des gâteaux, des glaces, des chocolats et des bonbons.

A l'épicerie, on achète du sucre, du café, du thé, du lait, des biscuits, du vin, de la bière.

A la crèmerie, on achète du lait, du beurre, du fromage, de la crème, des yaourts. On achète aussi des oeufs.

Chez le marchand de primeurs, on achète des fruits (des pommes, des oranges, des bananes, des poires) et des légumes (des carottes, des petits pois, des pommes de terre, des choux).

Tous les samedis, il y a un marché au centre-ville.

Au supermarché, on achète toutes les provisions.

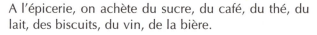
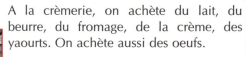

Ecrivez

Label the following foods.

une baguette

JE VAIS FAIRE DES COURSES

ECOUTEZ

Qu'est-ce qu'ils achètent? Describe the type of shop each person is going to and what he/she needs to buy there.

		Le magasin	Les produits
1	Caroline	....	....
2	Antoine	....	....
3	Marielle	....	....
4	Jacques	....	....
5	Robert	....	....
6	Mme Moreau	....	....

LA GRAMMAIRE

Le verbe ACHETER

ACHETER is slightly irregular. Note the use of the 'accent grave'

J'achète	I buy / I am buying
Tu achètes	You buy / You are buying (to a friend)
Il/elle achète	He / she buys / He / she is buying
Nous achetons	We buy / We are buying
Vous achetez	You buy / You are buying (polite or to a group)
Ils/elles achètent.	He / she buys / He / she is buying

Ecrivez

Revise the verb ALLER on page 111 then complete with these sentences by inserting the name of the appropriate shop.

Example: – Je *vais* à la *boulangerie* pour acheter une baguette.

1. Patricia _____ à la _____ pour acheter un rôti de boeuf.
2. Mon père _____ à la _____ pour acheter une tarte aux pommes.
3. Les enfants _____ à l' _____ pour acheter des biscuits.
4. Est-ce que tu _____ à la _____ pour acheter une glace?
5. Vous _____ à la _____ pour acheter des oeufs?
6. Je _____ chez le _____ pour acheter un magazine sportif.
7. Nous _____ au _____ pour faire les courses de la semaine.

LISEZ

Tick the goods sold in each type of shop.

1. Chez le marchand de journaux, on achète . . .
   - ❑ des légumes.
   - ❑ des chocolats.
   - ❑ des poulets rôtis.
   - ❑ des magazines de mode.

2. A la crémerie, on achète . . .
   - ❑ des glaces à la vanille.
   - ❑ du fromage.
   - ❑ des choux de Bruxelles.
   - ❑ des journaux.

3. Chez le marchand de primeurs, on achète . . .
   - ❑ des baguettes.
   - ❑ des légumes frais.
   - ❑ des journaux.
   - ❑ de la limonade.

4. A la boucherie, nous achetons . . .
   - ❑ des oeufs.
   - ❑ du poisson.
   - ❑ des biftecks.
   - ❑ du vin rouge.

5. A la poissonnerie, Sophie achète . . .
   - ❑ du fromage.
   - ❑ des tartes aux pommes.
   - ❑ un rôti de porc.
   - ❑ des maquereaux.

6. A la pâtisserie, j'achète . . .
   - ❑ un livre.
   - ❑ un stylo.
   - ❑ un gâteau.
   - ❑ un crayon.

7. A la boulangerie, vous achetez . . .
   - ❑ des fruits de mer.
   - ❑ des croissants.
   - ❑ des rôtis de porc.
   - ❑ des saucisses.

JE VAIS FAIRE DES COURSES

LA GRAMMAIRE

L'article partitif

- I eat (some) bread with (some) butter   Je mange **du** pain avec **du** beurre
- We drink (some) lemonade or (some) water   Nous buvons **de la** limonade ou **de** l'eau
- Paul buys (some) croissants   Paul achète **des** croissants

In French we need an equivalent expression to 'some' in front of the food items.

SOME
- **du** + masculine singular noun
- **de la** + feminine singular noun
- **de l'** + singular noun beginning with vowel or silent 'h'
- **des** + plural noun

Ecrivez

Qu'est-ce qu'il te faut?
Write a complete sentence according to the example.

Example:  – Il me faut *du pain,*
donc *je vais à la boulangerie.*

1. Il me faut _____
   donc _____

2. Il me faut _____
   donc _____

3. Il me faut _____
   donc _____

4. Il me faut _____
   donc _____

5. Il me faut _____
   donc _____

INVITATION AU FRANCAIS

Écoutez et Lisez

FILL IN THE MISSING WORDS

poulet – village – église – centre – supermarché – magasin – croissants – légumes – pain

Moi, je m'appelle Lucie Fournier et j'habite à Aubrac, un petit _____ de montagne dans le Massif central. Dans mon village il n'y a pas de _____ comme dans les grandes villes. Nous avons des petits magasins dans le _____ du village, près de l'_____ . Nous faisons les courses tous les jours. Pour acheter du _____ , nous allons chez M. Lanzac; c'est notre boulanger. Ses baguettes sont toujours fraîches, ses _____ et ses gâteaux sont délicieux. Pour la viande, nous avons M. Cartier. Ses biftecks, ses rôtis de boeuf et d'agneau, et ses _____ sont toujours de première qualité. Mme Maréchal, c'est notre épicière. Dans son _____ il y a de tout! Des fruits et des _____ , du café et du thé, de la bière et du vin, du sel et du sucre. Pour les médicaments nous avons une pharmacie et il y a aussi un fleuriste. À Aubrac, nous avons des magasins super!

comme – *as / like*
toujours – *always*

1. Where is Aubrac situated?
2. What is missing in Aubrac?
3. Where are the shops located?
4. How often do the people go shopping?
5. Who are M. Lanzac, M. Cartier and Mme Maréchal?
6. Complete these sentences.

    – M. Lanzac vend _____ , _____ et _____
    – M. Cartier vend _____ , _____ et _____
    – Mme Maréchal vend _____ , _____ , _____ , _____ , _____ , _____ , _____ et _____
    – A la pharmacie, on achète des _____

JE VAIS FAIRE DES COURSES

Ecrivez

Read pages 188 to 191 again then translate the following phrases into French.

Some ham _____   Some cabbage _____
Some seafood _____   Some beer _____
Some bread _____   Some wine _____
Some meat _____   Some eggs _____
Some pâté _____   Some fish _____
Some biscuits _____   Some cheese _____

LA GRAMMAIRE

Les verbes réguliers (le troisième groupe)

So far you have learned about two groups of regular verbs

– those that end with –ER in the infinitive (e.g. DANSER).
– those that end with –IR (e.g. FINIR).

There is a third, and last, group of regular verbs. Their infinitive ends in –RE and they are conjugated like VENDRE.

Attendre	To wait
Entendre	To hear
Répondre	To answer
Descendre	To go down
Perdre	To lose

VENDRE

Je vends	I sell / I am selling
Tu vends	You sell / You are selling
Il/Elle vend	He / she sells / He / she is selling
Nous vendons	We sell / We are selling
Vous vendez	You sell / You are selling
Ils/Elles vendent	They sell / They are selling

○ Rule: Remove the infinitive ending –RE, keep the root of the verb, then add the endings of the present tense.

– Je _____ s
– Tu _____ s
– Il/Elle _____ (nothing to add)
– Nous _____ ons
– Vous _____ ez
– Ils/elles _____ ent.

INVITATION AU FRANCAIS

DIALOGUE

You meet your friend in town. Imagine the dialogue.
- You ask your friend where he/she is going.
- Your friend answers that he/she is going to a shop (bakery, butcher, grocer's . . .)
- You ask your friend what he/she needs at the shop.
- Your friend lists two items to be bought in that shop.
- You ask your friend to buy you another item in the same shop.
- Your friend agrees but needs money.

A In your copy conjugate the three verbs:
ATTENDRE / RÉPONDRE / PERDRE.

   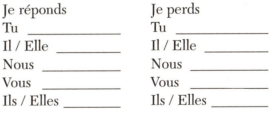

J'attends	Je réponds	Je perds
Tu _____	Tu _____	Tu _____
Il / Elle _____	Il / Elle _____	Il / Elle _____
Nous _____	Nous _____	Nous _____
Vous _____	Vous _____	Vous _____
Ils / Elles _____	Ils / Elles _____	Ils / Elles _____

B Write the correct form of the verbs in these sentences.

1 (Vendre) Le marchand de journaux _____ des magazines.
2 (Attendre) Nous _____ le train à la gare.
3 (Répondre) Je ne _____ pas au téléphone.
4 (Perdre) Vous _____ votre monnaie, monsieur.
5 (Attendre) Catherine _____ son petit frère devant l'école.
6 (Perdre) Quand ils jouent au football, les garçons _____ toujours le match.
7 (Vendre) Mon frère _____ sa bicyclette: 125 euro.
8 (Répondre) Quand j'écris à Catherine, elle _____ immédiatement.

JE VAIS FAIRE DES COURSES

Ecoutez et Répétez

1 CHEZ LE MARCHAND DE PRIMEURS

– Bonjour, mademoiselle. Vous désirez?
– Avez-vous des fraises, s'il vous plaît?
– Oui, j'ai des fraises.
– Alors, donnez-moi un panier de fraises, s'il vous plaît.
– Voilà, mademoiselle. C'est tout?
– Oui, c'est tout. Ça fait combien?
– Ça fait 4 euro.

2 A LA BOULANGERIE

– Bonjour, madame. Vous désirez?
– Je voudrais six petits pains viennois, s'il vous plaît.
– Voilà, madame. Ça fait 1 euro. C'est tout?
– Non. Donnez-moi aussi une tarte aux pommes.
– Voilà, madame. Ça fait 10 euro au total.

3 A LA BOUCHERIE

– Bonjour, monsieur. Vous désirez?
– Je voudrais deux biftecks très tendres, s'il vous plaît.
– Voilà, monsieur. C'est tout?
– Donnez-moi aussi une livre de viande hachée.
– Voilà. Ça fait 11 euro au total . . . Et voilà votre monnaie.

4 A LA CHARCUTERIE

– A qui le tour?
– C'est mon tour.
– Bonjour, madame. Qu'y a-t-il pour votre service?
– Avez-vous du jambon fumé, s'il vous plaît?
– Oui, madame.
– Donnez-moi cinq tranches de jambon fumé.
– Voilà Madame. Cinq belles tranches. C'est tout?
– Oui, c'est tout. Ça fait combien?
– Ça fait 4 euro, s'il vous plaît.

APPRENEZ L'ESSENTIEL

– Bonjour, madame. Vous désirez?

– Bonjour, monsieur. Qu'y a-t-il pour votre service?

How to order
– Je voudrais _____
– Il me faut _____
– Donnez-moi _____
– Avez-vous _____?

un kilo de tomates

une livre de sucre

250 grammes de pâté

un litre de lait

une douzaine d'oeufs

un sac de pommes de terre

un paquet de café

une bouteille de vin

une boite de sardines

un panier de fraises

une botte de carottes

une tranche de jambon

un morceau de tarte aux pommes

un pot de moutarde

une livre – $\frac{1}{2}$ *kilo*

– C'est tout?
– Non, ce n'est pas tout. Je voudrais aussi . . .
– Oui, c'est tout.

– Ça fait combien?
– Ça fait 7 euro au total.

– Voilà votre monnaie.

JE VAIS FAIRE DES COURSES

ECOUTEZ

For each person, describe what he/she orders, the quantitiy and how much he/she pays.

		He/she orders	Quantity	Price
1	Joëlle	....	....	....
2	Sabine	....	....	....
3	Stéphane	....	....	....
4	Maryse	....	....	....
5	Hubert	....	....	....
6	Sébastien	....	....	....

Ecrivez

Qui parle?

Tick ✓ the name of the person who is speaking each of the following sentences.

	Le marchand / La marchande	Le client / La cliente
Je voudrais un kilo de carottes.		
Avez-vous des oranges?		
Voilà votre monnaie.		
Il me faut aussi des saucisses.		
Qu'y a-t-il pour votre service?		
Ça fait 2 euro au total.		
C'est tout?		
Ça fait combien?		
Donnez-moi trois côtes de porc.		
Désolé, je n'ai pas de jambon fumé.		
Vous désirez, Madame?		
Et voilà le pâté et les côtes de porc.		
Non, ce n'est pas tout.		
Qu-est-ce qu'il vous faut?		
Est-ce que vous avez des oignons?		

INVITATION AU FRANCAIS

Ecoutez et Lisez

AMÉLIE FAIT LES COURSES

J'aime bien faire les courses. Je fais les courses après l'école, quand je rentre à la maison. Ma mère me donne sa liste, de l'argent et un sac.

D'abord, je vais à la boulangerie. M.Simonet, le boulanger, est très sympa.

— Bonsoir, M. Simonet.
— Bonsoir, Amélie. Qu'est-ce qu'il te faut?
— Il me faut une baguette et trois éclairs au chocolat.
— Voilà. Ça fait 4 euro, s'il te plaît.

Ensuite, je vais à la boucherie. M. Racine, le boucher, est un monsieur très sérieux.

— Bonsoir, mademoiselle. Qu'y a-t-il pour votre service?
— Je voudrais trois biftecks bien tendres, s'il vous plaît.
— Voilà mademoiselle. Ça fait 5 euro. C'est tout?
— Non, Je voudrais aussi un petit rôti de boeuf.
— Et voilà. Ça fait 19 euro au total.

Finalement, je vais chez le marchand de fruits. Monsieur et Madame Michaud travaillent ensemble dans leur magasin.

— Qu'est-ce qu'il te faut, Amélie?
— Avez-vous un panier de fraises, s'il vous plaît?
— Désolé, nous n'avons pas de fraises.
— Alors, donnez-moi un panier de cerises. Et un kilo de pommes.
— Voilà les cerises et les pommes. Ça fait 5 euro, s'il te plaît.

Quand les courses sont finies, je retourne vite à la maison et je fais mes devoirs.

JE VAIS FAIRE DES COURSES

Répondez

1. When does Amélie go shopping?
2. What does her mother give her?
3. What does she buy at the baker's?
4. What kind of a person is M. Racine?
5. How must her steaks be?
6. What else does she buy at the butcher's?
7. Who are M. and Mme Michaud?
8. What does Amélie buy instead of strawberries?

Imagine the following dialogues between you and the shopkeepers.

DIALOGUE A You go to the grocer's shop with this list.

un paquet de café
une livre de beurre
un litre de limonade

You come out with this receipt.

ÉPICERIE

CAFÉ:	2 €
BEURRE:	3 €
LIMONADE:	1 €
TOTAL:	6 €

DIALOGUE B You then go to the pork butcher's shop with this list.

3 tranches de jambon
100g de pâté
1 petit rôti de porc

You come out with this receipt.

CHARCUTERIE

JAMBON:	3 €
PÂTÉ:	1 €
RÔTI:	8 €
TOTAL:	12 €

DIALOGUE C You go to the creamery with this list.

1 litre de lait
1 Camembert
6 oeufs
3 yaourts

You come out with this receipt.

CHARCUTERIE

LAIT:	1 €
FROMAGE:	2 €
OEUFS:	1 €
YAOURT:	3 €
TOTAL:	7 €

INVITATION AU FRANCAIS

ON S'AMUSE

1. **Les mots croisés**
   Write in the missing horizontal words to discover the vertical name of a shop.

   1. J'achète mon magazine de mode chez le _____ de journaux.
   2. On achète du café, du thé et du sucre à l' _____
   3. A la _____ on achète des baguettes, des croissants et des brioches.
   4. Nous achetons des gâteaux et des glaces à la _____
   5. Pour acheter de la viande de porc on va à la _____
   6. Pour dimanche, il me faut un _____ de boeuf très tendre.
   7. Pour le barbecue il y a des _____ , des côtes de porc et des biftecks.
   8. Une _____ , c'est un pain très long.
   9. Pour payer les courses il me faut de l' _____
   10. Pouah! Il n'y a pas de sucre dans mon _____ !

Au _ _ _ _ _ de _ _ _ _ _ on achète des cigarettes et des allumettes. On achète aussi des timbres comme à la poste.

203

JE VAIS FAIRE DES COURSES

② **Look at the picture then complete each of the following sentences with a single word.**
1 Le magasin est une b _____ .
2 Monsieur Chevalier est b _____ de profession.
3 Catherine porte une b _____ dans la main gauche.
4 Dans ce magasin on peut acheter des g _____ .
5 Jacques porte un p _____ noir et une c _____ blanche.
6 Les o _____ dans la rue sont des pigeons.

Le français en classe

— La classe est terminée. Vous pouvez ranger vos affaires et aller chercher vos manteaux.

Unité 12

Qu'est-ce qu'il y a à manger?

School children usually eat four meals a day. 'Le petit déjeuner', before going to school, consists of a large bowl of hot milk or 'café au lait' or 'chocolat chaud'. Children enjoy dunking 'un croissant' or 'une baguette' in their hot drinks. At lunch time 'le déjeuner' is a warm meal eaten at 'la cantine de l'école'. After school, just before doing their homework, children eat 'le goûter'; bread and butter with jam or a bar of chocolate. 'Le dîner' is the last meal of the day eaten at about 8pm with the whole family.

In this chapter you will learn how to:
- talk about mealtime in France
- say what people eat for their various meals
- name food items
- read a menu
- order in a restaurant.

In the grammar section, you will learn about:
- the irregular verb BOIRE
- the partitive article (revision)
- the preposition 'à' (revision).

QU'EST-CE QU'IL Y A À MANGER?

Ecoutez et Répétez

1 — A 8 heures du matin, je prends mon petit déjeuner.

2 — A midi et demi, je prends le déjeuner à la cantine.

3 — A 8 heures du soir, je prends mon dîner avec toute la famille.

4 — J'ai faim. Qu'est-ce qu'il y a à manger?
— Il y a du pain, du beurre et du fromage.

5 — J'ai soif. Qu'est-ce qu'il y a à boire?
— Il y a de la limonade, de la bière ou de l'eau minérale.

INVITATION AU FRANÇAIS

6 — Qu'est-ce que vous mangez au petit déjeuner?

— Moi, je mange des croissants chauds avec du beurre et de la confiture.

— Moi, je préfère du pain grillé avec du beurre et du miel.

— Nous mangeons des céréales et des toasts.

— Chez nous, en Savoie, les montagnards mangent de la soupe avant d'aller travailler. En hiver, ça réchauffe!

7

un chocolat chaud

— Et qu'est-ce que vous buvez?

— Moi, je bois du café au lait avec du sucre.

— Je bois du chocolat chaud.

— Nous buvons du café noir avec du sucre.

— J'aime boire une tasse de thé.

une tasse de thé

une tasse de café

QU'EST-CE QU'IL Y A À MANGER?

APPRENEZ L'ESSENTIEL

- J'ai faim – J'ai soif.
- Qu'est-ce qu'il y a à manger / à boire / au petit déjeuner / au déjeuner / au dîner?

un croissant

une tasse de chocolat chaud

du pain grillé

une tasse de thé

des biscottes

un bol de céréales

un oeuf

de la soupe

de la confiture

un verre de jus d'orange

du miel

un morceau de baguette

un bol de café au lait

du sucre

du beurre

du lait

INVITATION AU FRANCAIS

LA GRAMMAIRE

Les verbes MANGER et BOIRE

The verb MANGER meaning 'to eat' has a slight irregularity.

Je mange	I eat / I am eating
Tu manges	You eat / You are eating
Il/Elle mange	He / She eats / He / She is eating
➡ Nous mangeons	We eat / We are eating
Vous mangez	You eat / You are eating
Ils/Elles mangent	They eat / They are eating

BOIRE meaning 'to drink' is an important irregular verb to be learned off by heart.

Je bois	I drink / I am drinking
Tu bois	You drink / You are drinking
Il/elle boit	He / She drinks / He / She is drinking
Nous buvons	We drink / We are drinking
Vous buvez	You drink / You are drinking
Ils/elles boivent	They drink / They are drinking

ECOUTEZ

Au petit déjeuner. Qu'est-ce qu'ils mangent?
Qu'est-ce qu'ils boivent?

		Il / Elle mange	Il / Elle boit
1	Micheline	....	....
2	Sébastien	....	....
3	Amandine	....	....
4	François	....	....
5	Mme Tourneur	....	....
6	M. Pelletier	....	....

QU'EST-CE QU'IL Y A À MANGER?

Ecrivez

Go back over the lesson and translate the following phrases.

some bread	– *du pain*	some honey	– _____
some butter	– _____	some toast	– _____
some cheese	– _____	some cereal	– _____
some lemonade	– _____	some coffee	– _____
some beer	– _____	some soup	– _____
some water	– _____	some milk	– *du lait*
some croissants	– _____	some orange juice	– *du jus d'orange*
some jam	– _____		

Ecoutez et Ecrivez

FILL IN THE MISSING WORDS

manger – heures – pain – demi – suis – bois – lycée

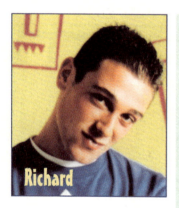

Je m'appelle Richard et j'ai seize ans et _____ . Je suis en classe de Première au _____ Lavoisier à Dijon. Les classes commencent à huit _____ et demie à mon école, donc le matin, je _____ pressé et je fais vite pour _____ mon petit déjeuner. Mon petit déjeuner est très petit et très rapide. Je mange du _____ grillé avec de la confiture (J'adore la confiture à l'orange, c'est délicieux!) et je _____ un grand bol de café au lait.

donc – *therefore*   pressé/e – *in a hurry*

Ecrivez

Questions personnelles
Use part of the question to write your answer.

Example: – A quelle heure est-ce que tu prends le petit déjeuner?
– *Je prends le petit déjeuner à 8 heures du matin.*

1. – Tu prends le petit déjeuner dans la salle à manger ou dans la cuisine?
   – _____

2. – Qui prépare ton petit déjeuner?
   – _____

3. – Avec qui est-ce que tu prends le petit déjeuner?
   – _____

4. – Qu'est-ce que tu manges au petit déjeuner?
   – _____

5. – Qu'est-ce que tu bois?
   – _____

6. – Est-ce que ton petit déjeuner du dimanche est différent?
   – _____

7. – Le dimanche, à quelle heure est-ce que tu prends ton petit déjeuner?
   – _____

8. – Qu'est-ce qu'il y a dans un petit déjeuner traditionnel irlandais?
   – _____

DIALOGUE

Imagine you and your neighbour in the following conversation.
- Your neighbour says that he/she is thirsty.
- You ask what your neighbour would like to drink.
- He/she wants a glass of lemonade.
- You ask your neighbour if he/she is hungry.
- Your neighbour answers that he/she is very hungry.
- You ask what he/she would like to eat.
- Your neighbour would like some bread, butter and jam.

(This dialogue can also be done with others foods and drinks).

QU'EST-CE QU'IL Y A À MANGER?

Ecoutez et Lisez

1 Moi, je m'appelle Cécile et j'ai vingt-huit. Je suis professeur de français au lycée Pasteur à Paris. Le petit déjeuner est très important pour moi. Je mange et je bois beaucoup. Je commence par un grand verre de jus d'orange, puis je mange un bol de céréales avec du lait et du sucre. Ensuite, je mange un morceau de pain grillé avec de la confiture ou du miel. Je bois un bol de café noir très chaud.

1. What is Cécile's occupation?
2. What does she start her breakfast with?
3. What does she eat for breakfast?
4. What is in her bowl?

2

Je m'appelle Patrice et j'ai trente-six ans. Je suis professeur d'anglais. Tous les jours, quand je vais au lycée, je prends un petit déjeuner rapide: un verre de lait et des biscottes. Mais le dimanche, c'est différent. J'adore le petit déjeuner du dimanche. Il y a des croissants chauds, une baguette chaude et beaucoup de chocolat chaud. Je mange deux ou trois croissants avec du beurre ou de la confiture, et je bois deux tasses de chocolat. Je prends mon temps parce que je ne vais pas au lycée.

1. Describe his breakfast when he goes to work.
2. When does Patrice particularly enjoy breakfast?
3. What does he put on his croissants?
4. What does he like to drink?
5. How does he express 'I am not in a hurry'?

Les spécialités régionales

— A Toulouse, dans le sud-ouest, la spécialité est **le cassoulet**, de la viande avec des haricots blancs et de l'ail.

— La Lorraine est une province de l'est. On mange **la quiche lorraine**. Les ingrédients sont des lardons fumés, du fromage et des oeufs.

— Dans les Alpes, en Savoie, on mange **la fondue savoyarde**, du fromage, du vin blanc et des croûtons. C'est délicieux, et drôle entre amis!

— En Bretagne, on adore **les fruits de mer**. Pour le dessert, il y a aussi **les crêpes**.

— On mange **le couscous** au restaurant: C'est une spécialité d'origine algérienne.

— Dans tous les bistrots, on mange **des croque-monsieur**. C'est un sandwich grillé au jambon et au fromage.

QU'EST-CE QU'IL Y A À MANGER?

Ecoutez et Répétez

1 LE DÉJEUNER

– Où est-ce que vous prenez le déjeuner?
– Je prends le déjeuner à la cantine du collège.
– Moi, je mange mon déjeuner au restaurant.
– Et moi, je déjeune au bistrot du coin.
– Nous déjeunons ensemble à la maison.

le coin – *the corner (of the street)*   ensemble – *together*

2 AU SALON DE THÉ

– Mademoiselle, s'il vous plaît.
– Oui, mesdames. Vous désirez?
– Pour moi, un morceau de tarte aux pommes et une tasse de café, s'il vous plaît.
– Et pour vous, madame?
– Apportez-moi une glace à la fraise et un thé au citron.
– Bien, Madame. Je reviens tout de suite.

3 LE CASSE-CROÛTE AU BISTROT

– Garçon, s'il vous plaît.
– Oui, monsieur. Tout de suite . . . Vous désirez?
– Je voudrais un sandwich, s'il vous plaît.
– Au jambon, au fromage ou au pâté?
– Apportez-moi un sandwich au jambon. Et un demi bien frais.
– Un jambon et une bière. Bien, monsieur. Et vous, madame.
– La même chose, s'il vous plaît.

frais / fraîche – *cool or fresh*
la même chose – *the same thing*

4 LE DÉJEUNER AU RESTAURANT

– Garçon!
– Oui, monsieur. J'arrive tout de suite.
– Apportez-moi le menu, s'il vous plaît.
– Voici le menu. Qu'est-ce que vous choisissez?
– Je voudrais un bifteck avec des frites et une salade verte.
– Et pour boire?
– Apportez-moi du vin rouge, s'il vous plaît.
– Bien, monsieur.

5 JE VOUS RECOMMANDE . . .

– Mademoiselle, qu'est-ce que vous recommandez?
– Comme hors d'oeuvre, je vous recommande la salade de tomates avec du thon.
– Et comme plat de résistance?
– Aujourd'hui, le chef recommande le gigot d'agneau et des pommes avec des haricots verts.
– Et comme dessert?
– Comme dessert, prenez la tarte aux pommes. Elle est délicieuse.

du thon – *tuna*

6 LE DÎNER À LA MAISON

– Qu'est-ce qu'il y a au dîner?
– Pour commencer, il y a de la soupe.
– Et après?
– Il y a du poulet rôti avec des frites et des petits pois.
– Des petits pois! Encore des petits pois! J'en ai assez, moi!

QU'EST-CE QU'IL Y A À MANGER?

APPRENEZ L'ESSENTIEL

– Garçon / Mademoiselle, s'il vous plaît!
– Qu'est-ce que vous désirez manger / boire?
– Apportez-moi le menu / un croque-monsieur / une bière bien fraîche.
– Je vous recommande notre rôti de veau.
– Je voudrais une glace au chocolat / à la vanille / à la fraise / à la framboise / à l'abricot.

LA GRAMMAIRE

La préposition 'à'
On page 114 'à' was used to indicate where one is going. It is also used to describe flavours and its form depends on the following noun.

– Une glace **au** caramel   (masculine singular)
– Un thé **au** lait
– La soupe **à la** tomate   (feminine singular)
– Une tarte **à la** fraise
– Une glace **à l'**orange   (singular with vowel)
– Un gâteau **à l'**abricot
– Une glace **aux** noisettes   (plural)
– La soupe **aux** choux

Ecrivez

Complete these sentences using the correct form of the preposition 'à'.

1 J'adore la soupe _____ petits pois.
2 Marie boit un thé _____ lait.
3 Donnez-moi un sandwich _____ jambon.
4 Apportez-moi une glace _____ vanille.
5 Je voudrais une tarte _____ pommes.
6 J'achète un gâteau _____ chocolat.
7 Je n'aime pas la glace _____ orange.
8 Cette soupe _____ tomate, elle est délicieuse!

INVITATION AU FRANÇAIS

ECOUTEZ
Which meal is being talked about?
What does he / she eat and drink?

		His/her meal	He/she eats	He/she drinks
1	Rémy	....	....	....
2	Claudine	....	....	....
3	Nadine	....	....	....
4	Jacques	....	....	....
5	Antoine	....	....	....
6	Mme Leroy	....	....	....

Ecoutez et Lisez

PIERROT VA ACHETER UNE GLACE
- Bonjour, mon garçon. Qu'est-ce que tu désires?
- Je voudrais une glace, s'il vous plaît.
- Une glace avec une boule ou deux boules?
- Deux boules.
- A quel parfum?
- A la vanille et à la pistache.
- Désolé, je n'ai pas de glace à la pistache.
- A la fraise, alors.
- Voilà, mon garçon. Ça fait 1 euro.

DIALOGUE

Imagine a dialogue at the local ice cream shop.
– A is the shopkeeper – B is the customer.

A: says hello and asks what B wants.
B: wants two ice creams.
A: Asks is B wants one or two scoops.
B: Two ice creams with one scoop.
A: asks which flavour.
B: One chocolate and one raspberry ice cream.
   He / she asks for the price.
A: Names the price (in euro).

QU'EST-CE QU'IL Y A À MANGER?

Ecoutez et Lisez

– Est-ce que tu déjeunes à la cantine de l'école, Olivier?
– Non. Malheureusement, il n'y a pas de cantine à mon école.
– Où est-ce que tu manges, alors?
– Je mange en classe quand il fait mauvais, ou dans la cour de récréation quand il fait beau. Le matin, à la maison, je prépare ma boite en plastique pour le déjeuner.
– Qu'est-ce que tu mets dans ta boite?
– Eh bien, je prépare un gros sandwich.
– Qu'est-ce que tu mets dans ton pain?
– Je mets du beurre, du jambon ou du fromage.
– Est-ce que tu manges un dessert: un morceau de gâteau, par exemple?
– Non. Je préfère un fruit. Je prends une orange, une pomme ou une banane.
– Et qu'est-ce que tu prends pour boire?
– A l'école, il y a de l'eau, mais je préfère de la limonade ou du Coca. Alors j'achète souvent une canette de Coca à l'épicerie sur la route de l'école.

Répondez

1. Where does Olivier eat his lunch when the weather is fine? when the weather is bad?
2. Who prepares his lunch in the morning?
3. What is in his sandwich?
4. What can he drink at school?
5. What does he do on his way to school?

Cherchez l'expression qui signifie

1. Unfortunately: _____
2. The playground: _____
3. My lunchbox: _____
4. For instance: _____
5. A can of coke: _____
6. On the way to school: _____

1. Menu: L'Auberge du Cheval Blanc

Menu à 28€ – Au choix

Hors d'oeuvres
Salade de crudités
Pâté-maison
Omelette au jambon
Soupe à l'oignon

Plat de résistance
Rôti de boeuf
Truite aux amandes
Escalope normande
Couscous au Poulet

Légumes
Frites
Pommes de terre sautées
Haricots verts
Petits pois à la paysanne
Carottes au beurre
Champignons

Plateau de fromage
(Camembert – Brie – Gruyère)

Desserts
Gâteau au chocolat
Tarte aux pommes
Glaces
(chocolat – vanille – fraise)

Café – vins fins – liqueurs.

Le service est compris.

1. What is the price of the meal?
2. What meat is served roasted?
3. How is the chicken cooked?
4. How are the potatoes served?
5. What is Camembert?
6. Will the customer pay extra for service?

QU'EST-CE QU'IL Y A À MANGER?

2. Menu: Collège Arthur-Rimbaud

Menu de la semaine du 15 au 19 janvier			
	Entrée	*Plat de résistance*	*Dessert*
Lundi	Salade de tomates, thon	Poulet, frites, Petits pois, carottes	Glace (Vanille, fraise)
Mardi	Oeuf-mayonnaise	Steak, pommes sautées, Haricots verts	Yaourt
Jeudi	Maquereaux au vin blanc	Rôti de porc, purée, Broccoli,	Crème-caramel
Vendredi	Carottes râpées Oeuf dur	Poisson, frites Haricots blancs	Fruits
Samedi	Pâté de foie	Rôti de veau, riz, Carottes au beurre	Tarte aux abricots

Boisson: Eau minérale.

1. On which days are eggs on the menu?
2. What is chicken served with?
3. In what styles are potatoes cooked?
4. On which days is fish served?
5. What types of meat are on the menu?
6. What fish is served on Monday?
7. What types of meat are roasted?

VRAI OU FAUX?

1. Tous les jours, il y a deux plats au menu.
2. On mange de la viande le vendredi.
3. Il y a du poisson au menu du jeudi.
4. Il n'y a pas de fruit au dessert le samedi.
5. Le poulet est servi avec des légumes.
6. Il y a des légumes verts au menu du vendredi.
7. Trois fois par semaine, il y a des oeufs en entrée.

INVITATION AU FRANCAIS

Ecrivez

Use the following sentence as a model to describe the menu of another day at the school canteen.

> Lundi, c'est le 15 janvier.
> Comme entrée, il y a une salade de tomates avec un oeuf dur.
> Comme plat de résistance, il y a du poulet avec des frites, des petits pois et des carottes.
> Comme dessert, il y a une glace.

Mardi, c'est _____
Comme entrée, _____
_____
Comme plat de résistance, _____
_____
Comme dessert, _____

DIALOGUE

You are hungry and thirsty. Imagine the dialogue between the waiter / waitress and you.

- You call the waiter/waitress.
- The waiter / waitress answers that he/she is coming right away.
- He / she asks you what you would like.
- You order a sandwich.
- The waiter / waitress lists the types of sandwiches available (ham, cheese, pâté).
- You choose a sandwich then order a drink (coffee, lemonade, beer).
- The waiter / waitress repeats what you have ordered and says that he/she will be back soon.

QU'EST-CE QU'IL Y A À MANGER?

ON S'AMUSE

Les mots croisés
Find the missing horizontal words to discover two new vertical words.

1. Je mets du _____ et du lait dans mon café.
2. Le vendredi, je mange du poisson et des _____ .
3. Quand il fait froid, je bois un _____ chaud.
4. Pour le desserts il y a une tarte aux _____ .
5. Le Brie, le Camembert et le Cheddar sont des _____ .
6. Le boulange fait et vend du _____ .
7. Au dîner, mes parents boivent une bouteille de _____ rouge.
8. Au petit déjeuner, je bois un verre de jus d'_____ .
9. Le boucher vend de la _____ de boeuf.

Dans ma soupe, je mets du _ _ _ et du _ _ _ _ _ _ .

Le français en classe

— Pourquoi est-ce que tu arrives en retard?
— Excusez-moi, Monsieur. J'ai manqué l'autobus.

Unité 13

Ma routine matinale

'**La routine**' is the usual complaint of every employee who lives in a suburb and works in the city centre. As most people have to commute for at least one hour before they start work at 8.30am, they have to get up early. When they come out of factories and offices at 6.00pm, they are very tired and still have to face the journey back. In Paris this daily routine is called 'métro – boulot – dodo'. Everyone lives for Friday evening when they can at last break from 'la routine'. On Saturday morning, many employees enjoy 'la grasse matinée' or lie in.

In this chapter you will learn how to:
- describe what you do every morning
- say how you come to school
- say if you arrive early, on time or late.

In the grammar section, you will learn about:
- reflexive verbs
- CONDUIRE and related verbs.

MA ROUTINE MATINALE

Ecoutez et Répétez

TOUS LES MATINS

1

Sept heures et demie
– Mon réveil sonne. Je me réveille. C'est difficile.

Huit heures moins le quart
– Sophie! Debout!
– Oui, je me lève.

Huit heures moins dix
– Je vais à la salle de bains. Je prends un douche chaude. Je me lave le visage. Je me brosse les dents. Je me maquille.

Huit heures
– Je retourne à ma chambre et je m'habille.

Huit heures cinq
– Je descends à la cuisine et je mange mon petit déjeuner.

Huit heures et demie
– Vite! Tu vas être en retard.
– D'accord! Je me dépêche.

2

– Christine, qu'est-ce que tu fais dans la salle de bains? J'attends depuis cinq minutes.
– Attends encore. Je me lave les mains.
– Fais vite!
– Maintenant, je me lave le visage . . .
  Maintenant je me brosse les dents.
– Dépêche-toi!
– Maintenant, je me maquille.
– Ooooh! Et moi, je voudrais me raser.

224

APPRENEZ L'ESSENTIEL

– **Fais vite! / Dépêche-toi!**

– Je prends une douche chaude/froide.
– Je prends un bain.

– Je me réveille
– Je me lève
– Je me rase
– Je m'habille
– Je me maquille
– Je me dépêche
– Je me déshabille
– Je me couche
– Je me sèche les cheveux
– Je me fais un shampooing
– Je me lave le visage / les mains / les cheveux.
– Je me brosse les dents / les cheveux.

Je me fais un shampooing

Je me sèche les cheveux

Je me rase

Je m'habille

 ECOUTEZ
A quelle heure est-ce que tu te réveilles?
On what day and at what time does he / she perform what action?

		Day	Time	Action
1	Stéphanie	....	....	....
2	Marc	....	....	....
3	David	....	....	....
4	Sophie	....	....	....
5	Denis	....	....	....
6	Alice	....	....	....

MA ROUTINE MATINALE

LISEZ

Tick the correct phrase to complete each sentence.

1 Quand mon réveil sonne . . .
- ❑ je me lève.
- ❑ je me lave.
- ❑ je me rase.
- ❑ je me réveille.

2 Avec son rasoir électrique . . .
- ❑ je me promène.
- ❑ je me réveille.
- ❑ je me rase.
- ❑ je me dépêche.

3 Pour avoir des dents blanches . . .
- ❑ je prends une douche.
- ❑ je me maquille.
- ❑ je me brosse les dents.
- ❑ je mange des bonbons.

4 Quand ma grasse matinée est finie . . .
- ❑ je m'habille.
- ❑ je me lève.
- ❑ je me lave le visage.
- ❑ je me dépêche.

5 Après un match de basketball . . .
- ❑ je me rase.
- ❑ je prends une douche.
- ❑ je me brosse les dents.
- ❑ je me lave les mains.

6 Quand je suis fatigué . . .
- ❑ je me brosse les cheveux.
- ❑ je me rase la moustache.
- ❑ je me couche.
- ❑ je me dépêche.

INVITATION AU FRANCAIS

Ecrivez

Qu'est-ce que tu fais? Describe the action.

A *Je me réveille*   F _____
B _____   G _____
C _____   H _____
D _____   I _____
E _____   J _____

Ecrivez

Use the information given to write a complete answer to the following questions.

1) A quelle heure est-ce que ton réveil sonne? *(à 7 heures et demie)*

2) Quand est-ce que tu te réveilles? *(... immédiatement)*

3) Le lundi, à quelle heure est-ce que tu te lèves? *(... à 8 heures)*

4) Où est-ce que tu t'habilles? *(... dans ma chambre)*

5) Tu te laves à l'eau froide? *(Non, ... à l'eau chaude)*

6) Tu te laves le visage? *(Oui, ... le visage et les mains)*

7) Est-ce que tu te douches tous les jours? *(Oui, ... matin et soir)*

8) Quels jours est-ce que tu fais la grasse matinée? *(le samedi et le dimanche)*

MA ROUTINE MATINALE

LA GRAMMAIRE

Les verbes réfléchis

○ In English the reflexive verbs are accompanied with reflexive pronouns like 'myself', 'yourself', 'himself', 'herself', 'ourselves', 'yourselves', 'themselves'.

○ Verbs are reflexive when the subject performs the action upon himself.
Example: I cut myself shaving.
She looks at herself in the mirror.

○ In French the reflexive pronouns are ME, TE, SE, NOUS, VOUS, SE.

SE LAVER

Je me lave	I wash myself / I am washing myself
Tu te laves	You wash yourself / You are washing yourself
Il se lave	He washes himself / He is washing himself
Elle se lave	She washes herself / She is washing herself
Nous nous lavons	We wash ourselves / we are washing ourselves
Vous vous lavez	You wash yourselves / You are washing yourselves
Ils se lavent	They wash themselves / They are washing themselves
Elles se lavent	They wash themselves / They are washing themselves

Reflexive verbs and the negation

Both the reflexive pronoun and the verb are to be found between the two parts of the negation.

Je NE me lave PAS
Tu ne te laves pas
Il/elle ne se lave pas
Nous ne nous lavons pas
Vous ne vous lavez pas
Ils/elles ne se lavent pas.

○ **Note:** French reflexive verbs do not necessarily correspond to English reflexive verbs:

Je me dépêche	I hurry up
Je me promène	I take a walk
Je me couche	I go to bed
Je me repose	I take a rest
Je m'amuse	I am having a good time / I enjoy myself

Ecrivez

Write the correct form of the verb.

1. (se laver)   Je _____ avec de l'eau chaude.
2. (se raser)   Mon père _____ tous les matins.
3. (se doucher)   Nous _____ toujours après un match de foot.
4. (se réveiller) Les enfants _____ à 10 heures le mercredi.
5. (se maquiller) Est-ce que vous _____, Mme Clément?
6. (s'habiller)   En hiver, nous _____ chaudement.
7. (se coucher)   Ce soir, tu _____ après la fin du film.
8. (se reposer)   Le dimanche matin, Catherine _____ jusqu'à 11 heures.
9. (se dépêcher)   Tu _____ quand ton réveil sonne en retard.
10. (se lever)   Vous _____ à midi le dimanche!

Ecrivez

Answer the following questions negatively using NE and PAS.

Example: – Est-ce que Chantal se promène seule dans la forêt?
– *Non, Chantal ne se promène pas seule dans la forêt.*

1. Est-ce que Patrick se lave à l'eau froide?
   _____

2. Est-ce que les enfants se lèvent à 9 heures le lundi?
   _____

3. Est-ce que Mme Legrand se maquille tous les jours?
   _____

4. Les garçons se rasent à l'âge de 15 ans?
   _____

5. Est-ce que tu te couches à 9 heures le samedi soir?
   _____

6. Est-ce que tu te lèves à 7 heures le dimanche?
   _____

7. Est-ce que tu te maquilles pour aller à l'école, Sophie?
   _____

8. Tu te rases à l'eau froide, Michel?
   _____

9. Est-ce que vous vous dépêchez le week-end, les enfants?
   _____

MA ROUTINE MATINALE

LISEZ

L'un ou l'autre? Tick which you prefer.

- ❏ Nous nous réveillons tôt.   **ou**   ❏ Nous nous réveillons tard.
- ❏ Nous nous levons à sept heures.   **ou**   ❏ Nous faisons la grasse matinée.
- ❏ Nous prenons une douche froide.   **ou**   ❏ Nous prenons un long bain chaud.
- ❏ Nous nous dépêchons.   **ou**   ❏ Nous prenons notre temps.
- ❏ Nous nous relaxons.   **ou**   ❏ Nous sommes sous pression.
- ❏ Nous travaillons dur.   **ou**   ❏ Nous nous reposons.

Ecrivez

Qu'est-ce que tu fais?
Use the expressions below to describe what the women are doing.

> se sécher les cheveux – se peigner les cheveux –
> se parfumer – se couper les cheveux – se baigner –
> se maquiller – se reposer – se regarder dans le miroir

– Je _____

– Elle _____

– Tu _____

– Sophie _____

– Elle _____

– Je _____

– Vous _____

– Caroline _____

Ecoutez et Lisez

1 LE MATIN CHEZ ROBERT
With a red pen underline all reflexive verbs.

Je m'appelle Robert et j'ai dix-sept ans. Je vais au lycée cinq jours par semaine: le lundi, le mardi, le jeudi, le vendredi et le samedi matin jusqu'à midi. Quand je vais à l'école, mon réveil sonne à sept heures. Je reste au lit encore cinq ou dix minutes, puis je me lève. C'est difficile. Je vais à la salle de bains, et je prends une douche. Après la douche, ça va. Je me lave le visage et je me brosse les dents. Puis je retourne à ma chambre. Là, je m'habille. Je mets un pantalon, une chemise, un pull et mes chaussures. A sept heures et demie, je descends à la cuisine et je prends mon petit déjeuner. Ma mère, ma soeur et moi, nous bavardons. Le temps passe, et il est déjà huit heures. Vite, je me dépêche pour aller prendre l'autobus.

jusqu'à – *until*
déjà – *already*
le temps – *time*

1. At what time does school end on Saturday?
2. When does Robert get up on weekdays?
3. What does he first do in the bathroom?
4. What does he then do in his bedroom?
5. Who does he have breakfast with?

Le dimanche, c'est mon jour favori, je fais la grasse matinée. Mon réveil ne sonne pas, mais je me réveille à huit heures, ou à neuf heures. J'adore mon lit. Je me lève à dix heures, puis je vais à la salle de bains. Je prends un bain bien chaud et je me relaxe. A dix heures et demie, je descends à la cuisine pour prendre mon petit déjeuner, des croissants chauds et un grand bol de chocolat. J'écoute la radio. Le dimanche, je ne me dépêche pas.

6. Why is Sunday Robert's favorite day?
7. What does he do in the bathroom?
8. What does he have for breakfast?

MA ROUTINE MATINALE

2 COMMENT EST-CE QUE TU VIENS . . . ?

— Comment est-ce que vous venez à l'école tous les jours?

— J'habite à cinq minutes du collège, alors je viens à pied.

— Moi, je viens en train tous les matins.

— Je viens en voiture avec mon père. Il travaille au centre-ville.

— Je viens à bicyclette quand il fait beau. Autrement, je prends le bus.

autrement – *or else / otherwise*

— Tu viens toujours au collège en autobus, Catherine?

— Ça dépend du temps. Quand il fait mauvais, je prends l'autobus, mais quand il fait beau, je viens à bicyclette.

— Et toi, Michel, tu n'habites pas loin d'ici. Tu viens à pied, n'est-ce pas?

— Oui, je viens à pied. Mais quand je suis en retard, mon père me conduit en voiture.

conduire – *to drive / to give a lift*

— Vous venez toujours travailler en autobus, Monsieur Cordier?

— Oui, sauf quand je suis en retard. Quand je suis pressé, je prends un taxi et j'arrive juste à l'heure.

sauf – *except*

APPRENEZ L'ESSENTIEL

— Je viens au collège à pied / à bicyclette / en voiture / en autobus / en taxi / en train.

— Quand il fait beau, je vais à l'école à bicyclette.
— Quand il pleut, je viens à l'école en autobus.

— Ma mère me conduit à l'école.

— J'arrive en avance / à l'heure / en retard.

INVITATION AU FRANCAIS

 ECOUTEZ
Where do each of these people live? Where is he / she going?
How is he / she getting there?

		Lives?	Going to?	How?
1	David	......	......	......
2	Cécile	......	......	......
3	Marc	......	......	......
4	Christine	......	......	......
5	Zoé	......	......	......

Ecrivez

A Where are they going and how are they travelling?

1) Je _____ +

 +   2) Michel _____

3) Mme Laroche _____ +

 +   4) Nous _____

5) Tu _____ +

 +   6) Les enfants _____

233

MA ROUTINE MATINALE

B Complete the following sentences in the style shown below.

Example:  – Quand *il fait beau, je vais à la plage à cheval.*

1.

   Quand _____
   _____

2.

   Quand _____
   _____

3.

   Quand _____
   _____

4.

   Quand _____
   _____

5.

   Quand _____
   _____

234

INVITATION AU FRANCAIS

LA GRAMMAIRE

CONDUIRE means 'to drive'. Other verbs which conjugate in a similar fashion to CONDUIRE include:

Produire	To produce
Construire	To build (construct)
Réduire	To reduce
Détruire	To destroy
Cuire	To cook.

CONDUIRE

Je conduis	I drive / I am driving
Tu conduis	You drive / You are driving
Il/Elle conduit	He / She drives / He / She is driving
Nous conduisons	We drive / We are driving
Vous conduisez	You drive / You are driving
Ils/Elles conduisent	They drive / They are driving

Ecrivez

A Conjugate in your copy the two verbs: **CONSTRUIRE / CUIRE**.

Je construis

Je cuis

B Complete the sentences with the correct form of CONDUIRE.

1. Pierre _____ une Peugeot.
2. Est-ce que vous _____ une Renault?
3. Nous _____ une Mercédès.
4. Je _____ une Ford.
5. Mes amis _____ une Toyota.
6. Est-ce que tu _____ une Citroën?

MA ROUTINE MATINALE

Ecrivez

En avance? A l'heure? En retard?
Write a complete sentence based on the example shown here.

Example: – Le film commence à 3 heures. Pierre arrive au cinéma à 3 heures dix.
– *Pierre arrive au cinéma en retard.*

1 – La première classe commence à huit heures et demie. Sophie arrive à l'école à huit heures vingt.
– _____

2 – Le travail finit à cinq heures. M. Chevalier quitte son bureau à cinq heures moins le quart.
– _____

3 – Le déjeuner est à midi et demi. Nous entrons à la cantine à midi et demi.
– _____

4 – Le train de Paris est à trois heures douze. Nous arrivons à la gare à trois heures.
– _____

5 – La banque ferme à quatre heures et demie. Mme Cartier arrive à la banque à cinq heures moins vingt.
– _____

Ecoutez et Lisez

FILL IN THE MISSING WORDS

maison – moins – quatorze – voiture – parents – anniversaire – favori – ferme – autobus – Troisième

Salut! Je m'appelle Maryse Ducrot. J'ai _____ ans et trois mois. Mon _____ est le 1er mai, la Fête du Travail. Au collège, je suis en classe de _____, et je prépare le Brevet. Je vais au Collège Montaigne à Bordeaux. Mes _____ sont agriculteurs et nous habitons une _____ à douze kilomètres du centre-ville. Tous les matins, je vais à l'école en _____. Je quitte la maison à huit heures _____ le quart et j'arrive juste à l'heure pour le premier cours. Tous les soirs, je reviens en _____. La mère de ma copine Alice me conduit à la _____. J'arrive à cinq heures vingt, juste à l'heure pour regarder mon programme _____ à la télé.

1 How old is Maryse?
2 What is she preparing for in school?
3 Where does she live?
4 When does she arrive at school?
5 How does she return home every evening?
6 What does she do when she arrives home?

ON S'AMUSE

Le mot caché
Match each one of the items below with its correct name to discover a new word.

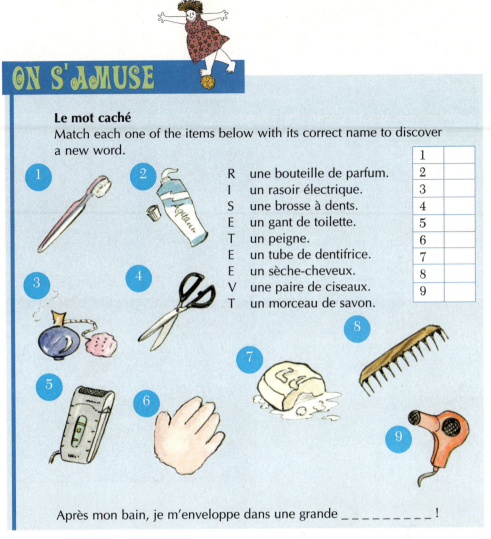

R   une bouteille de parfum.
I   un rasoir électrique.
S   une brosse à dents.
E   un gant de toilette.
T   un peigne.
E   un tube de dentifrice.
E   un sèche-cheveux.
V   une paire de ciseaux.
T   un morceau de savon.

1	
2	
3	
4	
5	
6	
7	
8	
9	

Après mon bain, je m'enveloppe dans une grande _ _ _ _ _ _ _ _ _ !

Le français en classe

– Qui a fini l'exercice?
– Moi, Madame. J'ai fini.
– Et moi, je n'ai pas fini.
– Encore une minute et je ramasse l'exercice.

Unité 14

Tu as beaucoup de temps libre?

Recently the government has reduced the working week from 40 to 35 hours. Because of 'la semaine de 35 heures' the French have more time to enjoy leisure activities. Foremost among these are 'la télé' and 'le sport'. Although cinema owners complain about the competition of home entertainment, many French people still go to the movies. Young people enjoy going out with friends, riding 'des mobylettes' and playing 'des jeux électroniques' on computer.

In this chapter you will learn how to:
- say what you do during your free time
- say what you are interested in
- say when you have free time
- make a date
- invite your friend to a party.

In the grammar section, you will learn about:
- three irregular verbs: LIRE and SORTIR
- the pronoun ON.

INVITATION AU FRANCAIS

Ecoutez et Répétez

1 — Est-ce que tu as du temps libre?

— Oui, je suis libre le week-end.

— Non, je n'ai pas beaucoup de temps libre.

— Je n'ai pas de temps libre parce que je prépare un examen.

2 — Qu'est-ce que tu fais pendant ton temps libre?

— En général, je m'ennuie.

— Et moi, j'écoute de la musique.
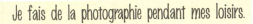

— Je fais de la photographie pendant mes loisirs.

— Moi, je me promène avec mon chien.

— Je joue au billard.

— Je joue aux cartes ou aux échecs.

— Je sors avec mes copains.

3 — Quel est ton passe-temps favori?   — Moi, je regarde la télé.

— Mon passe-temps favori, c'est la lecture. Je lis des romans policiers.

— Moi, je suis musicien dans un petit orchestre.

— La danse est mon passe-temps favori. Je fais du ballet.

— Je vais à la pêche au bord du lac.

— Je suis peintre. J'adore le dessin et la peinture.

TU AS BEAUCOUP DE TEMPS LIBRE?

4 — Qu'est-ce que tu collectionnes?

— Je collectionne des timbres.

— J'ai une grande collection de petites voiures.

— Moi, je collectionne des poupées

5 — Tu joues d'un instrument de musique?

— Je joue du violon.
— Je joue du piano.
— Je joue du tambour.
— Je joue de la guitare.
— Je joue de la flûte
— Je joue de l'accordéon.

6 — A quoi est-ce que tu t'intéresses?

— Je m'intéresse à la mode.
— Je m'intéresse au football.
— Je m'intéresse à l'art moderne
— Je m'intéresse aux bateaux.

APPRENEZ L'ESSENTIEL

— J'ai beaucoup de temps libre   Je n'ai pas de temps libre.

— Je regarde la télé / un film / une vidéo.

— J'écoute de la musique / la radio / un CD.

— Je lis un roman policier / d'adventures / de science-fiction / d'amour / d'espionnage

— Je lis un magazine   de mode
                         de jeunes
                         sportif
                         de bricolage

— Pendant mon temps libre . . .   Je me repose   I take a rest
— Pendant mes loisirs . . .   Je m'amuse   I have a good time
                                   Je me promène   I take a walk
                                   Je m'entraine   I train
                                   Je m'ennuie   I am bored
                                   Je m'intéresse à . . . I am interested in . . .

LA GRAMMAIRE

LIRE and **SORTIR** are two irregular verbs to be learned off by heart.
LIRE means 'to read'. SORTIR means 'to go out' or 'to come out'.

LIRE

Je lis	I read / I am reading
Tu lis	You read / You are reading
Il/Elle lit	He / She reads / He / She is reading
Nous lisons	We read / We are reading
Vous lisez	You read / You are reading
Ils/Elles lisent	They read / They are reading

SORTIR

Je sors	I go out / I am going out
Tu sors	You go out / You are going out
Il/Elle sort	He / She goes out / He / She is going out
Nous sortons	We go out / /we are going out
Vous sortez	You go out / You are going out
Ils/Elles sortent	They go out / They are going out

TU AS BEAUCOUP DE TEMPS LIBRE?

ECOUTEZ

For each person, list all his/her hobbies and write down his/her favourite.

		Tous ses passe-temps	Son favori
1	Catherine	....	....
2	Amandine	....	....
3	Julie	....	....
4	François	....	....
5	Charles	....	....
6	Edouard	....	....

Ecrivez

Write in the correct form of **SORTIR** or **LIRE** in the following sentences.

1 Nous _____ au cinéma pour voir un film d'horreur.

2 Catherine _____ le programme de l'exposition.

3 La pièce est finie: les spectateurs _____ du théâtre

4 Est-ce que vous _____ le journal tous les matins?

5 Après la classe, nous _____ du collège.

6 Nous _____ des romans de science-fiction.

7 Charles _____ tous les soirs: il promène son chien.

8 Est-ce que tu _____ avec ta petite amie, ce soir?

INVITATION AU FRANCAIS

Ecrivez

De quoi est-ce qu'ils jouent?

- une clarinette
- une batterie
- un violoncelle
- une trompette
- un trombone
- un banjo
- un piano

1. Il _____
2. Je _____
3. Je _____
4. Il _____
5. Il _____
6. Je _____
7. Elle _____

Ecrivez

A quoi tu t'intéresses? Say what they are interested in.

Example: – Les garçons *s'intéressent au football.*

1. Patricia _____
2. Michel _____
3. Je _____
4. Nous _____
5. Tu _____
6. Vous _____
7. Jacques _____
8. Mme Valois _____

243

TU AS BEAUCOUP DE TEMPS LIBRE?

Écoutez et Lisez

1

Michel

— Qu'est-ce que tu fais pendant ton temps libre, Michel?
— Je fais beaucoup de sport.
— Où est-ce que tu t'entraînes?
— Je vais au club pour le tennis et à la piscine pour la natation.
— Qu'est-ce que tu fais pour te reposer?
— Je me repose quand je regarde la télé, quand j'écoute de la musique.
— Est-ce que tu aimes la lecture?
— Non, je n'aime pas lire.

1 What sports does Michel play?
2 Where does Michel go for training?
3 What activities does he find restful?
4 What does he think of reading?

2

— Catherine, tu as du temps libre le week-end?
— Oui, je suis libre le week-end.
— Qu'est-ce que tu fais le samedi?
— Le samedi après-midi, je sors avec mes copains, je fais un peu de sport, je me promène en ville.
— Et le dimanche?
— Le dimanche, en général, je fais la grasse matinée, puis je fais mes devoirs et je m'ennuie.

Catherine

VRAI OU FAUX?

1. Catherine est llibre le samedi et le dimanche.
2. Elle n'a pas de copains.
3. Elle est très sportive.
4. Le dimanche, elle se lève tard.
5. Elle n'a pas de devoirs.
6. Le dimanche est un jour intéressant.

3

— Et toi, Cécile, comment est-ce que tu t'amuses?
— Je regarde la télévision, j'écoute de la musique, ou je lis un magazine de jeunes.
— Quelle sorte de musique est-ce que tu préfères?
— J'adore la musique pop. J'ai beaucoup de CD et de cassettes de mon groupe favori.
— Est-ce que tu joues d'un instrument?
— Oui, je joue du piano depuis trois ans.

1. What does Cécile like to read?
2. How long has she played the piano?

4

— Mme Clermont, quel est votre passe-temps favori?
— Je m'intéresse à la peinture, à la sculpture, aux arts en général.
— Vous faites de la peinture?
— Non, mais je dessine beaucoup. J'adore dessiner des portraits. J'aime aussi visiter les musées et les expositions artistiques.
— Et votre mari? Quel est son passe-temps favori?
— Mon mari n'est pas artistique. Il préfère le bricolage.

VRAI OU FAUX?

1. Mme Clermont s'intéresse aux arts.
2. Elle ne fait pas de peinture.
3. Elle dessine des portraits.
4. Elle ne visite pas les musées.
5. Son mari s'interesse aussi aux arts.
6. Son passe-temps favori est le bricolage.

Cherchez le nom de la personne qui . . .

1. – nage très bien.
2. – s'ennuie le dimanche.
3. – ne s'intéresse pas aux arts.
4. – s'intéresse beaucoup à la musique.
5. – aime dessiner.
6. – ne s'intéresse pas aux livres.
7. – se repose devant la télé.
8. – a beaucoup d'amis.
9. – fait du bricolage à la maison.
10. – se lève tard le week-end.

TU AS BEAUCOUP DE TEMPS LIBRE?

LISEZ

JE M'APPELLE CANDICE et j'ai dix-huit ans. En ce moment, je suis en vacances. J'ai deux mois de vacances. Je me repose et je fais la grasse matinée tous les matins. Je prends mon petit déjeuner à dix heures, puis je vais voir ma copine Isabelle. Nous allons ensemble au centre-ville et nous nous promenons dans le centre commercial. Nous regardons les magasins et nous faisons du lèche-vitrine. L'après-midi, nous allons au centre sportif et nous jouons au tennis ou au badminton. Le soir, je rentre à la maison à sept heures pour dîner avec ma famille. Après le dîner, je regarde la télé puis je vais à ma chambre pour jouer de la flûte et écouter de la musique. En général, je me couche vers minuit.

1. Find the expressions that mean 'shopping centre' and 'window-shopping'.
2. How long will Candice's holidays last?
3. What does she do every morning?
4. What do Candice and Isabelle do in the city centre?
5. What does Candice do at 7pm?
6. What does she do in her room before going to bed?

LA GRAMMAIRE

Le pronom ON
ON is a third person singular pronoun like IL or ELLE. It usually means 'one'.
- Quand il pleut, on prend un parapluie.
  - When it rains, one takes an umbrella.
- Quand on a faim, on mange un sandwich.
  - When one is hungry, one eats a sandwich.

ON is often used instead of NOUS.
- Le samedi soir, on va à la disco. } On Saturday evening
or - Le samedi soir, nous allons à la disco. } one goes (we go) to the disco.

- A l'école, on fait du sport. } At school one plays (we play) sport.
or - A l'école nous faisons du sport. }

Ecrivez

In your copy transforme the NOUS sentences into ON sentences.

Example: – Le dimanche, nous déjeunons dans la salle à manger.
– *Le dimanche, on déjeune dans la salle à manger.*

1. Nous jouons au football au stade.
2. Chaque soir, nous dînons à 8 heures.
3. Tous les samedis, nous mangeons au MacDo.
4. Nous dansons le Rock 'n' Roll à la disco.
5. A Paris, nous visitons la Tour Eiffel.
6. Le dimanche matin, nous faisons la grasse matinée.
7. Au bistrot, nous buvons de la bière.
8. Pour aller au centre-ville, nous prenons l'autobus.

LISEZ

JE M'APPELLE ERIC et j'ai quinze ans. Je suis en classe de Troisième à l'école. En juillet, je passe le Brevet: c'est un examen très important. Donc je n'ai pas beaucoup de temps libre. Je suis libre le samedi après-midi et le dimanche. Chaque samedi, je quitte le collège à midi et j'arrive à la maison à midi et demi. Je déjeune avec mes parents, puis l'après-midi je sors avec mes copains. On prend l'autobus et on descend en ville. On se promène dans le jardin public, on regarde les filles, et on bavarde avec elles. Le soir, on mange au MacDo: des frites, un hamburger et un verre de Coca. Après ça, on va au cinéma. D'habitude, je rentre à la maison à minuit. Le dimanche matin, je fais la grasse matinée.

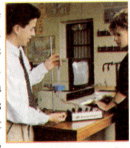

1. Eric does not have much free time. Why?
2. What does he do after lunch on Saturday?
3. Who does he spend the afternoon with?
4. What do they do in town?
5. What does he have for dinner?
6. At what time does he get back home?

TU AS BEAUCOUP DE TEMPS LIBRE?

Écoutez et Répétez

1
- Tu es libre pour le déjeuner, Catherine?
- Oui, je suis libre de midi et quart jusqu'à une heure et demie.
- Alors je t'invite au restaurant.
- Chouette! Merci, François.

2

- Eh, David, je vais à la piscine cet après-midi. Tu viens avec moi?
- Oui, d'accord. Où est-ce qu'on se retrouve?
- On se retrouve devant la piscine, à deux heures. D'accord?
- D'accord.

3
- J'organise une boum chez moi. Tu es libre samedi soir?
- Oui, je suis libre.
- Eh bien, je t'invite à la boum. Tu viens?
- D'accord. Je viens. Ça commence à quelle heure?
- La boum commence à neuf heures.

4

- Tu viens au cinéma, ce soir?
- Désolé. Je n'ai pas d'argent en ce moment.
- Je t'invite. C'est moi qui paie.
- Chouette. Où est-ce qu'on se retrouve?
- On se retrouve à huit heures à l'arrêt d'autobus.
- D'accord. A ce soir.

INVITATION AU FRANCAIS

ECOUTEZ
What are they doing? From what time? Until what time?

		Activity	From	Until
1	Pierre	....	......	......
2	Josette	....	......	......
3	Amandine	....	......	......
4	Christian	....	......	......
5	Rémy	....	......	......

APPRENEZ L'ESSENTIEL

- Est-ce que tu es libre aujourd'hui / ce soir / samedi soir / cet après-midi / à huit heures / pour le dîner?
- Je suis libre de midi jusqu'à une heure / de 10 heures jusqu'à minuit.
- Je t'invite à la boum / à la piscine / au restaurant / au cinéma.
- Je t'invite à regarder une vidéo / à manger au restaurant / à jouer au tennis.
- Où est-ce qu'on se retrouve?
- On se retrouve au cinéma / à la piscine / à l'arrêt d'autobus / chez moi / devant l'école.

ECOUTEZ
Write what each person invites his/her friend to do, where and when they will meet.

		Invites friend to	Meet where	Meet when
1	Michel	....	......	......
2	Joséphine	....	......	......
3	Elodie	....	......	......
4	Marielle	....	......	......
5	Patrick	....	......	......
6	Mme Cordier	....	......	......

TU AS BEAUCOUP DE TEMPS LIBRE?

LISEZ

Dominique,
En ce moment, on joue le dernier film de Brad Pitt à l'Odéon. Je voudrais voir ce film samedi soir. Je t'invite au cinéma. On se retrouve à ta maison à 6 heures et on mange au MacDo (c'est moi qui paie), puis à 8 heures on va au cinéma. D'accord? J'espère que tu es libre samedi soir. Téléphone-moi ce soir.
         Ton amie, Isabelle.

> J'espère que . . . – I hope that . . .

Ecrivez

Write a similar note to the one above.
Tell your friend Jean / Jeanne that you would like to go to the Italian restaurant in town. Invite him/her to eat a pizza. Say you hope he/she is free tonight. You will collect your friend at his/her house at 7 pm.

DIALOGUES

Ask your friend when he / she . . .

Example: – Quand est-ce que tu joues au tennis?
– *Je joue au tennis de 7 heures jusqu'à 8 heures.*

LISEZ

STÉPHANIE, c'est ma petite amie. Elle est fantastique! J'adore Stéphanie. Elle a dix-huit ans et elle est très jolie, assez grande et élégante. Elle est très sportive, elle fait de la natation. Et artistique aussi, elle joue de la flûte et elle danse dans un petit groupe de musique folklorique. Nous sortons ensemble chaque samedi soir. J'invite Stéphanie à la disco ou au cinéma. Quand le film ou la disco sont finis, nous allons manger un hamburger-frites ou une pizza dans notre restaurant favori au centre commercial. En général, c'est moi qui paie la disco ou le cinéma, et c'est Stéphanie qui paie les frites ou la pizza. Nous ne sortons pas le dimanche parce que nous préparons le Baccalauréat. Alors, le dimanche soir, je bavarde 10 ou 20 minutes au téléphone avec Stéphanie.

Christophe

| ensemble – *together* | chaque – *each* | payer – *to pay* |

1. Who is Stéphanie? Describe her.
2. Which hobbies does she enjoy?
3. What do Stéphanie and Christophe do on Saturday night?
4. Why do they not go out on Sunday night?

MON PETIT AMI s'appelle Christophe, et il est âgé de dix-huit ans comme moi. Il est très grand et sportif: il joue au foot dans l'équipe du lycée, et il fait du judo dans un club. Je rencontre Christophe tous les matins au lycée, et après les cours, nous allons au bistrot pour boire une tasse de café. Christophe est aussi très romantique et généreux: il m'invite souvent au restaurant, au cinéma ou à la discothèque. J'adore danser avec lui. Je sors avec lui chaque samedi soir, mais quand nous ne sortons pas, Christophe me téléphone à la maison, et nous bavardons encore un quart d'heure ou vingt minutes. Mes parents sont furieux parce que je perds mon temps et je ne fais pas mes devoirs.

Stéphanie

| comme moi – *like me* | avec lui – *with him* |
| souvent – *often* | le temps – *time* |

5. When does Stephanie meet Christorphe?
6. What do they do after school?
7. Why are her parents furious?

TU AS BEAUCOUP DE TEMPS LIBRE?

NOUS NOUS AMUSONS

Reliez les expressions équivalentes pour découvrir le mot secret.

1 Nous dansons
2 Nous faisons de la musique
3 Nous collectionnons des timbres
4 Nous adorons la lecture
5 Nous sommes sportifs
6 Nous nous levons à midi
7 Nous jouons de la flûte
8 Nous aimons nager
9 Nous montons à cheval

R On joue d'un instrument
E On fait beaucoup de sport
N On fait la grasse matinée
D On fait de la natation
E On fait de l'équitation
P On fait du ballet
A On est flautistes
M On lit beaucoup
O On est philatélistes

1	
2	
3	
4	
5	
6	
7	
8	
9	

Pour nous relaxer, nous allons faire une _ _ _ _ _ _ _ _ _ _ avec Azor, notre chien.

Le français en classe

– Lucie et Monique, arrêtez de bavarder!
– David, arrête de dormir!

Unité 15

Mes projets de vacances

The vast majority of families in France take their holidays in August. Offices and factories are deserted or closed for two weeks. Paris is invaded by provincial and foreign tourists attracted there by the famous historical monuments and the night life. 'Les Parisiens' rush to the beaches on 'la Côte d'Azur'. The Atlantic coast from 'la Bretagne' to 'le Pays Basque' is covered with holidaymakers working on their 'bronzage' and trying to forget their stressful life in the city before facing 'la rentrée' and returning to work.

At Christmas and Easter, many families go on their 'vacances de neige' in the Alps or in the Pyrenees.

In this chapter you will learn how to:
- say when you have holidays
- say how long your holidays last
- talk about your plans for your next holidays
- organise an exchange
- make a reservation

In the grammar section, you will learn about:
- the immediate future
- more questions.

MES PROJETS DE VACANCES

Ecoutez et Répétez

1
- Quand est-ce que tes vacances commencent?
- Elles commencent le premier juillet.
- Combien de temps est-ce qu'elles durent?
- Mes vacances finissent au début de septembre. Elles durent deux mois. Je vais retourner au collège le cinq septembre.

2

- Qu'est-ce que tu vas faire pendant les prochaines vacances d'été?
- En juillet, je vais voyager avec mes parents. Je vais visiter l'Italie. En août, je vais faire un échange avec mon correspondant irlandais.

3
- Qu'est-ce que tu vas faire pendant les vacances de Noël?
- Je vais offrir des cadeaux à toute ma famille.

4

- Qu'est-ce que tu vas faire pendant les vacances de Pâques?
- Je vais manger beaucoup de chocolat.

5 — Tu as des projets pour les prochaines grandes vacances?
— Oui, évidemment. Cet été, je vais passer le mois de juillet à la ferme de mon oncle.
— Et au mois d'août?
— Je vais travailler dans un garage.
— Quelle sorte de travail est-ce que tu vas faire?
— Je vais laver les autos.

6 — Tu as des projets pour l'été prochain?
— Après les examens, je vais me reposer. Ensuite, je vais passer deux semaines à Bordeaux chez ma copine Alice.
— Et après?
— Je vais rester chez moi à Paris. J'adore Paris l'été. Tous les Parisiens sont au bord de la mer. Je vais visiter les monuments historiques: Notre-Dame, le Louvre, les Invalides, le Centre Georges-Pompidou.

7 — Est-ce que tu vas prendre des vacances à Noël?
— Oui, bien sûr. Je vais prendre deux semaines de vacances.
— Tu vas rester à Paris?
— Oui. Je vais passer Noël avec mes parents. Après Noël, je vais prendre le train et descendre à Grenoble dans les Alpes pour voir mon copain Bruno.
— Tu vas faire des sports d'hiver dans les Alpes?
— Bien sûr. S'il y a de la neige, je vais faire du ski. Sinon, je vais visiter la région.

APPRENEZ L'ESSENTIEL

- Mes vacances commencent le 1er juillet.
- Elles se terminent le 30 août.

- Mes vacances d'été durent deux mois.
- Mes vacances de Noël et de Pâques durent deux semaines.

Qu'est-ce que tu vas faire pendant les prochaines vacances?
- Je vais me reposer.
- Je vais rester chez moi.
- Je vais travailler dans un supermarché.
- Je vais passer une semaine à Paris.
- Je vais faire un échange / un voyage.
- Je vais réviser pour l'examen.
- Je vais prendre le train / l'avion.
- Je vais descendre sur la Côte d'Azur.
- Je vais visiter la France.

Je vais peindre

Je vais rencontrer mon copain

Je vais me reposer

ECOUTEZ

For each person write which holidays he/she is talking about, how long the holidays last, when they begin and when they end.

	Holidays	Last	Begin	End
1 Zoë	....	....	....	....
2 Adrien	....	....	....	....
3 David	....	....	....	....
4 Cécile	....	....	....	....
5 Mme Lagrange	....	....	....	....
6 M. Moreau	....	....	....	....

INVITATION AU FRANCAIS

ECOUTEZ

What are their plans for the summer holidays?

		July	August
1	Adeline		
2	Véronique		
3	Christophe		
4	Jacques		
5	David		
6	Mme Colbert		

LA GRAMMAIRE

Le futur immédiat
The future tense describes what is going to happen, what people are going to do very soon. This tense is made with the verb ALLER in the present and the infinitive of the verb.

DANSER

Je **vais** danser	I am going to dance
Tu **vas** danser	You are going to dance
Il/Elle **va** danser	He/She is going to dance
Nous **allons** danser	We are going to dance
Vous **allez** danser	You are going to dance
Ils/Elles **vont** danser	They are going to dance

Expressions which control the immediate future

demain / demain matin	tomorrow / tomorrow morning
mercredi prochain	next Wednesday
le week-end prochain	next weekend
la semaine prochaine	next week
le mois prochain	next month
l'été prochain	next summer
l'an prochain / l'année prochaine	next year
dans cinq minutes	in five minutes
dans quinze jours	in a fortnight
dans trois semaines.	in three weeks

MES PROJETS DE VACANCES

LISEZ

Connect each picture with its caption.
1. Ils vont faire des promenades en montagne.
2. Vous allez voyager en avion.
3. Victor va décorer la salle à manger.
4. Nous allons visiter les musées.
5. Je vais respirer l'air pur de la campagne.
6. Je vais pêcher au bord de la rivière.
7. Je vais téléphoner à une amie.

1	
2	
3	
4	
5	
6	
7	

Ecrivez

Tick off the correct holidays

	à Pâques	à Noël	cet été
– Je vais me bronzer sur la plage			
– Je vas offrir un lapin en chocolat à ta mère			
– Je vais acheter des cadeaux pour ma famille			
– Michel va préparer son examen de juin			
– Je vais me préparer à retourner en classe			
– Pierre va travailler deux mois dans un supermarché			

LISEZ

Tick the most likely ending for each sentence.

1. Les vacances de Noël vont commencer le . . .
   - ❏ 1er janvier
   - ❏ le 22 décembre
   - ❏ le 25 décembre.

2. Je vais passer mon examen en . . .
   - ❏ février
   - ❏ juin
   - ❏ août.

3. Pendant les vacances de Noël, nous allons jouer . . .
   - ❏ dans la neige.
   - ❏ dans la mer.
   - ❏ au bord du lac.

4. Pendant les vacances de Pâques, vous allez . . .
   - ❏ nager dans la rivière.
   - ❏ faire du ski nautique.
   - ❏ offrir des oeufs en chocolat.

5. Les grandes vacances vont commencer . . .
   - ❏ le 1er juillet.
   - ❏ après les examens de mai.
   - ❏ le 31 mai.

6. En juillet, au bord de la mer, nous allons . . .
   - ❏ nous bronzer.
   - ❏ faire la grasse matinée.
   - ❏ réviser pour l'examen.

7. Quand je vais travailler au supermarché, je vais . . .
   - ❏ réparer des voitures.
   - ❏ me reposer.
   - ❏ aider les clients.

8. Après les vacances d'été, nous allons . . .
   - ❏ pêcher dans la rivière.
   - ❏ retourner en classe.
   - ❏ attendre les vacances de Pâques.

MES PROJETS DE VACANCES

Ecrivez

Aujourd'hui et demain.
Change each sentence from the present to the future tense.

Example: – Aujourd'hui nous faisons un pique-nique.
– *Demain, nous allons faire un pique-nique.*

1) Aujourd'hui, vous visitez le zoo.
Demain, _____

2) Aujourd'hui, je travaille dans le jardin.
_____

3) Aujourd'hui, Charles organise une excursion.
_____

4) Aujourd'hui , je passe une heure au téléphone.
_____

5) Aujourd'hui, vous faites de l'équitation.
_____

6) Aujourd'hui, tu finis ton travail à 6 heures.
_____

7) Aujourd'hui, les filles descendent en ville.
_____

8) Aujourd'hui, Pierre vend sa bicyclette.
_____

INVITATION AU FRANCAIS

Ecrivez

Qu'est-ce que tu vas faire?
Write a sentence to describe each of the following pictures.

Example: – Qu'est-ce que tu vas faire ce soir?
– *Ce soir je vais regarder la télé.*

1. Qu'est-ce que tu vas faire l'été prochain?
   _____

2. Qu'est-ce que tu vas faire pendant les vacances d'été?
   _____

3. Qu'est-ce que tu vas faire samedi soir?
   _____

4. Qu'est-ce que tu vas faire en vacances à la plage?
   _____

5. Qu'est-ce que tu vas faire après l'examen?
   _____

6. Qu'est-ce que tu vas faire ce week-end?
   _____

MES PROJETS DE VACANCES

DIALOGUE

A – What are you going to do next weekend?
B – Saturday morning I am going to sleep late.
A – Are you going to do your homework on Saturday or on Sunday?
B – I am going to finish my homework on Friday evening.
A – What are you going to do Saturday evening?
B – I am going to invite my boy/girl friend to the movies.
A – And on Sunday?
B – After lunch I am going to take a walk.
A – And in the evening?
B – I am going to stay at home and watch TV.

LISEZ

Mes prochaines grandes vacances

CETTE ANNÉE, les cours au collège vont finir le premier juillet. Donc mes vacances vont commencer juste après. Je vais célébrer les vacances avec mes copains. Nous allons organiser une boum et nous allons danser jusqu'à trois heures du matin. Après ça, je vais me reposer – une semaine pour récupérer! Je vais faire la grasse matinée tous les jours. Puis je vais chercher un petit boulot, dans un supermarché par exemple. Je vais travailler jusqu'au quinze août. Mes parents vont partir pour l'Espagne. Mon frère Sébastien et moi, nous allons passer deux semaines chez notre oncle Edouard qui a une ferme près de Bergerac en Dordogne. Nous n'allons pas travailler à la ferme. Nous allons nager, faire de la planche à voile sur le lac, visiter la région. Puis, le trente août, nous allons rentrer à Paris pour retourner au collège.

Ludovic

1. With a red pen underline all verbs in the immediate future.
2. How will Ludovic celebrate the start of the holidays?
3. How long will he rest afterwards?
4. Until when will he work?
5. Where will Ludovic and his brother spend the rest of their holidays?
6. How will they spend the time there?
7. What will they do on 30th August?

INVITATION AU FRANCAIS

LISEZ

Dijon, le 14 avril.

Cher Conor,

Merci pour ta dernière lettre. Mes vacances commencent le 3 juillet, immédiatement après mon examen. J'ai deux mois de vacances seulement. Je retourne à l'école le 5 septembre. Toi, tu as de la chance d'avoir presque trois mois de vacances.

Je voudrais faire un échange avec toi l'été prochain, et je t'invite à passer deux ou trois semaines chez nous à Dijon. Mes parents sont d'accord et je suis impatient de te rencontrer.

J'ai beaucoup de projets pour les vacances. Tu vas rencontrer mes copains: ils sont très sympas. Nous allons visiter la Bourgogne. C'est une très belle région avec beaucoup de monuments historiques.

J'espère que tu vas accepter mon invitation.

Réponds-moi vite.

Ton ami, Michel.

Répondez

1. What happens on 3rd July?
   And on 5th September?
2. Why is Conor lucky?
3. How long will Conor spend in Dijon?
4. How does Michel describe Burgundy?

Cherchez la phrase qui signifie

1. You are lucky.

2. I would like to make an exchange.

3. My parents agree.

4. They are very nice.

5. I am looking forward to meeting you.

MES PROJETS DE VACANCES

LA GRAMMAIRE

Quelques questions
The most frequent way of asking a question requires the introduction of the expression EST-CE QUE . . . ?

- **Est-ce que** tu parles français? Do you speak French?
- **Qu'est-ce que** tu manges? What are you eating?
- **Où est-ce que** vous travaillez? Where do you work?
- **Quand est-ce que** le train arrive? When does the train arrive?
- **Comment est-ce que** tu viens à l'école? How do you come to school?
- **Pourquoi est-ce que** tu es en retard? Why are you late?
- **Combien de** soeurs **est-ce que** tu as? How many sisters do you have?

Here are the answers. Find the questions.
Example: – *Comment est-ce que Charles travaille?*
              – *Charles travaille* **très bien**.

(1) _____
Oui, Patrick habite à Dublin.

(2) _____
Sophie voudrait acheter **une mini-jupe**.

(3) _____
Catherine va **à la discothèque**.

(4) _____
Les vacances commencent **mercredi prochain**.

(5) _____
Il y a **quatre** chambres dans la maison.

(6) _____
Paul ne va pas au cinéma **parce qu'il révise pour son examen**.

(7) _____
Sophie danse **très mal** le Rock 'n' Roll.

(8) _____
Jacques passe ses vacances **à la montagne**.

(9) _____
A Noël, Patrick fait du ski dans les Alpes.

(10) _____
Sophie vient au collège **en autobus**.

264

LISEZ

Deux lettres de réservation

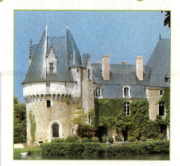

 Pendant leurs vacances d'été, Antoine et ses amis vont visiter la vallée de la Loire et ses châteaux. Ils vont rester dans des auberges de jeunesse. Antoine écrit à l'auberge de jeunesse d'Orléans pour faire une réservation.

M. Antoine Laforge,
23 rue de la Libération,
62228 Calais

Calais, le 23 juin

Auberge de jeunesse,
14 rue de Loire,
45065 – Orléans

Cher Aubergiste,
Nous sommes un groupe de deux garçons et une fille et nous avons l'intention de visiter la vallée de la Loire en juillet. Nous voudrions passer trois nuits dans votre auberge. Nous allons arriver l'après-midi du 11 juillet et nous allons repartir le matin du 14. Nous voudrions aussi prendre nos repas à l'auberge, si possible.
        Prière de confirmer notre réservation.
        Respectueuses salutations.
        Antoine Laforge.

Répondez

1. Who are the people in the group?
2. How long will they stay at the hostel?
3. What will happen on July 11th and 14th?
4. What would the group like to do if possible?

MES PROJETS DE VACANCES

M. et Mme Perraud et leurs enfants vont visiter le Mont Saint-Michel pendant les vacances de Pâques. Madame Perraud écrit à 'l'hôtel du Cheval Blanc' à Avranches pour réserver deux chambres.

M. et Mme M. Perraud,
12 rue Surcouf
62201 Boulogne

Boulogne, le 23 mars

La Direction,
Hôtel du Cheval Blanc,
rue de Paris,
50300 Avranches

Monsieur,
Nous sommes une famille de quatre personnes — deux adultes et deux enfants — et nous avons l'intention de visiter le Mont Saint-Michel à Pâques. Nous voudrions réserver deux chambres avec douches pour trois nuits. Nous allons arriver à Avranches le soir du 5 avril et nous allons repartir le matin du 8 avril. Nous voudrions aussi prendre le petit déjeuner dans votre hôtel.
Prière de confirmer notre réservation.
Respectueuses salutations.
Suzanne Perraud.

Répondez

1. What is Mme Perraud reserving in this letter?
2. How long will they stay?
3. Which meal would they like to eat at the hotel?

INVITATION AU FRANCAIS

ON S'AMUSE

Cherche la bonne route
Si tu trouves la bonne route, Pierrot va arriver juste à temps et Zoë ne va pas détruire son château de sable.

Le français en classe

– Qui a une question?
– Moi, Monsieur. Je n'ai pas compris l'explication. Pouvez-vous répéter, s'il vous plaît?
– D'accord, mais écoute bien cette fois-ci.

Unité 16

J'ai organisé une boum

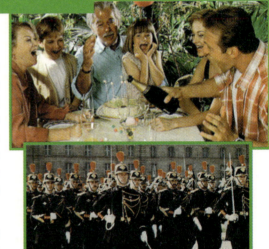

The English words 'a party' and 'a surprise-party' have entered the French language as 'une partie' and 'une surprise-partie', but young people prefer using the word 'une boum' to describe what they organise to celebrate 'l'anniversaire' of one of their friends. This word sounds like an explosion, a sudden release of energy.

Every 14th July, to celebrate 'l'Anniversaire de la Révolution', the French organise 'la Fête Nationale' with flower parades, music and dancing in the streets, and fireworks in the evening. It is 'une boum' on a national scale and takes place in the largest cities as well as the smallest villages. All are welcome and all participate until late in the night.

In this chapter you will learn how to:
- say when you celebrated your last birthday
- describe how you organised the party
- say how you enjoyed yourself at the party
- describe what you did last weekend
- talk about Bastille Day, July 14th.

In the grammar section, you will learn about:
- the passé composé (a past tense).

INVITATION AU FRANÇAIS

Écoutez et Lisez

1
– Allô, David, c'est Sophie à l'appareil.
– Salut, Sophie, ça va?
– Oui, ça va très bien. J'organise une boum samedi soir, et je t'invite.
– Samedi soir? Attends un peu . . .
– J'espère que tu peux venir.
– Samedi soir . . . Oui, ça va. Je suis libre. Qu'est-ce que je dois apporter?
– Apporte ta guitare.
– D'accord. A samedi soir.
– Salut. A samedi.

2
Cher David,
Je t'invite à une boum que j'organise samedi soir chez moi pour célébrer mon anniversaire. J'espère que tu peux venir. Apporte ta guitare. La boum commence à neuf heures.
                Ton amie, Sophie.

3

– Qu'est-ce que tu fais samedi soir, David?
– Sophie m'a invité à une boum pour célébrer son anniversaire.
– Et tu as accepté?
– Bien sûr que j'ai accepté.

4
Chère Sophie,
Merci de ta gentille invitation à la boum de samedi soir. J'accepte avec plaisir. Je vais arriver à 10 heures parce que je voudrais regarder la fin du match de foot à la télé.
                Amitiés, David.

J'AI ORGANISÉ UNE BOUM

Ecoutez et Répétez

1
— Quel âge as-tu, Sophie?
— J'ai seize ans maintenant.
— C'est quand, ton anniversaire?
— C'est le 13 avril.
— Quand est-ce que tu as célébré ton anniversaire?
— J'ai célébré mon anniversaire jeudi soir avec ma famille. Ma mère a fait un gros gâteau et j'ai soufflé mes seize bougies.

2

— Est-ce que tu as célébré aussi avec tes copains?
— Oui, samedi soir. J'ai invité une douzaine de copains et copines.
— Comment est-ce que tu as organisé cette boum?
— Ma soeur Claudine et moi, nous avons acheté beaucoup de choses à manger: des quiches, des pizzas, des gâteaux. Et aussi beaucoup de boissons: de la limonade, du Coca, des jus de fruits et de la bière. Nous avons fait des sandwichs.

3
— A quelle heure est-ce que la boum a commencé?
— Mes parents ont quitté la maison à 8 heures et demie, donc la boum a commencé à 9 heures. Nous avons continué jusqu'à une heure du matin.

4

— Qu'est-ce que vous avez fait pendant la boum?
— Eh bien, Véronique a apporté des CD et David a apporté sa guitare. On a écouté de la musique, on a dansé, bavardé avec les copains, mangé, bu ... On a bien rigolé.

INVITATION AU FRANCAIS

ECOUTEZ
How old are they? When did they celebrate their birthdays?
Where did they celebrate?

		Age	Date of celebration	Location
1	Christophe	....	....	....
2	Rébecca	....	....	....
3	Lucie	....	....	....
4	Bruno	....	....	....
5	Julie	....	....	....

APPRENEZ L'ESSENTIEL

- J'ai célébré mon quatorzième anniversaire samedi dernier.
- J'ai organisé une boum.
- J'ai invité mes copains et copines.
- J'ai soufflé mes bougies.

- Mon copain a apporté des CD.
- Ma copine a fait un gros gâteau.
- Jacques a joué de la guitare.
- La boum a fini à une heure du matin.

- Mes parents ont quitté la maison.

- Nous avons mangé des pizzas.
- Nous avons bu des jus de fruit.
- Nous avons écouté de la musique
- Nous avons dansé jusqu'à minuit.
- Nous avons bien rigolé.

ECOUTEZ
What did they bring to the party?
What did they do to enjoy themselves?

		He/She brought	Activities
1	Monique	....	....
2	Sébastien	....	....
3	Alice	....	....
4	Yannick	....	....
5	Amandine	....	....

J'AI ORGANISÉ UNE BOUM

LISEZ

**Alex est ton copain et tu as célébré son anniversaire avec lui.
Tick the most likely expression. Explain your choice in English.**

1 Alex a célébré son . . . . . . anniversaire
- ❏ cinquième
- ❏ quinzième
- ❏ trente-cinquième
- ❏ cinquantième

2 Il a invité . . . . . . à une boum chez lui.
- ❏ vingt copines
- ❏ dix garçons et filles
- ❏ cinquante copains
- ❏ ses grands-parents

3 Ses parents ont offert . . . . . . à Alex.
- ❏ un livre de maths
- ❏ une voiture
- ❏ une mobylette
- ❏ une bouteille de parfum

4 Ses parents ont quitté la maison à . . .
- ❏ minuit.
- ❏ une heure du matin.
- ❏ deux heures moins le quart.
- ❏ huit heures du soir.

5 La boum a commené à . . .
- ❏ huit heures du matin.
- ❏ midi.
- ❏ deux heures de l'après-midi.
- ❏ neuf heures et demie du soir.

6 La boum a duré . . .
- ❏ une demi-heure.
- ❏ de neuf à dix heures.
- ❏ jusqu'à dix heures du soir.
- ❏ jusqu'à minuit.

Ecrivez

Avant? Pendant? Après la boum?
Write when they performed the following activities.

- J'ai dansé avec Lucie   *pendant la boum.*
- Nous avons fait la vaisselle   _____
- Nous avons écouté des CD   _____
- J'ai acheté des quiches lorraines   _____
- Mes parents ont quitté la maison   _____

- J'ai rangé le salon et la cuisine   _____
- Ma soeur a fait mon gâteau d'anniversaire   _____
- Nous avons préparé des sandwiches   _____
- Nous avons mangé toutes les quiches   _____
- J'ai invité tous mes copains   _____
- J'ai téléphoné à un taxi   _____
- Jacques a joué de la guitare   _____

J'AI ORGANISÉ UNE BOUM

LA GRAMMAIRE

Le passé composé

Le passé composé expresses a single action in the past. For most verbs it is formed with the auxiliary verb AVOIR in the present tense and the past participle of the verb in question.

What is a past participle? It is a special form of the verb.

Infinitive	Past participle
To be	been
To do	done
To freeze	frozen
To see	seen
To take	taken
To work	worked

In French, like in English, there are regular and irregular past participles. In this book we will learn only the Passé Composé with regular past participles.

−ER verbs end with −é   e.g. (Danser) J'ai dansé avec Sophie.
−IR verbs end with −i   e.g. (Finir)   La boum a fini à une heure du matin.
−RE verbs end with −u   e.g. (Vendre) Nous avons vendu la maison.

DANSER	FINIR	VENDRE
J'ai dansé	J'ai fini	J'ai vendu
Tu as dansé	Tu as fini	Tu as vendu
Il/elle a dansé	Il/elle a fini	Il/elle a vendu
Nous avons dansé	Nous avons fini	Nous avons vendu
Vous avez dansé	Vous avez fini	Vous avez vendu
Ils/elles ont dansé	Ils/elles ont fini	Ils/elles ont vendu

Des expressions qui contrôlent le passé composé

hier	yesterday
lundi dernier	last Monday
la semaine dernière	last week
le week-end dernier	last weekend
le mois dernier	last month
l'année dernière	last year
l'été dernier	last summer
l'hiver dernier	last winter
il y a cinq jours	five days ago ('it was five days')
pendant les dernières vacances	during the last holidays.

INVITATION AU FRANCAIS

Ecrivez

Write two complete sentences containing the passé composé.

Example: Yesterday – Il – faire une excursion.
Il – pêcher au bord de la rivière.
– *Hier il a fait une excursion.*
Il a pêché au bord de la rivière.

1 Last summer – Nous – faire des promenades en montagne.
Jacques – porter un gros sac.

_____
_____

2 Three days ago – Je – faire un voyage en avion.
Je – quitter Paris samedi matin.

_____
_____

3 Last weekend – Nous – visiter un musée.
Catherine – acheter les tickets.

_____
_____

4 Last week – Colette et Simon – acheter une voiture.
Ils – payer 3000 €.

_____
_____

DIALOGUE

A – What did you do last weekend?
B – I celebrated my birthday.
A – How many friends did you invite?
B – I invited ten friends.
A – At what time did the party start?
B – It started at 9.00pm.
A – What did you do during the party?
B – We danced, we listened to music, we laughed. I blew out the candles.
A – When did the party end?
B – It ended at 1.00 in the morning.

275

J'AI ORGANISÉ UNE BOUM

LISEZ

SALUT! Je m'appelle Marc Perraud et j'ai dix-huit ans depuis une semaine. J'ai célébré mon anniversaire la semaine dernière. Vendredi soir, nous avons organisé une réunion de famille à la maison. Ma mère a invité mes grands-parents, mon oncle et ma tante. J'ai aidé ma soeur à faire un gâteau au chocolat et nous avons acheté deux bouteilles de Champagne. Pendant le repas, nous avons mangé du steak au poivre avec des haricots 'mange-tout' et des pommes de terre sautées au beurre – délicieux! Après le repas, Maman a apporté le gâteau avec les bougies. J'ai soufflé les bougies, puis la famille a crié: 'Heureux anniversaire, Marc', et on a chanté. Papa a apporté le Champagne et on a bien bu. J'ai reçu trois cadeaux d'anniversaire: un baladeur, un roman de science-fiction et une paire de gants.

Répondez

1. When did Marc celebrate his birthday?
2. Who were the guests?
3. What did they have for dinner?
4. What did Marc's mother and father serve after dinner?
5. What presents did Marc receive?

BONJOUR. Je m'appelle Corinne Valentin, et j'ai dix-sept ans. Pour mon anniversaire, j'ai organisé une boum dimanche dernier. J'ai loué une petite salle avec un juke-box au club des jeunes et j'ai invité la bande. Dix copains et copines au total ont accepté mon invitation. Nous avons décoré la salle du club, nous avons acheté à manger et à boire, On a bavardé, on a rigolé, on a dansé le Rock 'n' Roll sur la musique du juke-box, on a chanté des vieux 'tubes' des Beatles. Finalement, le club a fermé à minuit et Stéphanie a invité tout le monde à boire le café à son appartement. J'ai quitté mes copains à deux heures du matin.

> louer – *to hire*
> la bande – *the gang*
> un 'tube' – *a hit record*

Répondez

1. Where did Corinne have the party?
2. What did the gang do before the party started?
3. What did they do during the party?
4. What happened at midnight?
5. How did the gang spend the rest of the evening?

INVITATION AU FRANCAIS

Ecoutez et Répétez

LE WEEK-END DERNIER

— Tu as passé un bon week-end, François?
— Oui, j'ai passé un excellent week-end.

— Quand est-ce que ton week-end a commencé?
— Mon week-end a commencé samedi à midi, quand j'ai quitté le collège.

— Qu'est-ce que tu as fait samedi après-midi?
— J'ai joué au tennis, puis j'ai pris une douche. J'ai appelé Philippe au téléphone et on a bavardé un quart d'heure.

— Et samedi soir?
— J'ai invité Philippe au cinéma. On a regardé un film d'horreur.

— Qu'est-ce que tu as fait dimanche?
— Dimanche matin, j'ai fait la grasse matinée. L'après-midi, j'ai réparé ma mobylette. Le soir, j'ai fini mes devoirs.

J'AI ORGANISÉ UNE BOUM

ECOUTEZ
What did they do last Saturday morning / afternoon / evening?

		Samedi matin	Après-midi	Soir
1	Caroline	....	....	....
2	Sébastien	....	....	....
3	Sandrine	....	....	....
4	Christophe	....	....	....

LISEZ

Le journal intime de Nicole

Samedi 7 octobre
Le matin:
J'ai fait la grasse matinée jusqu'à 10 heures.
J'ai acheté trois croissants à la boulangerie.
Mes parents et moi, nous avons mangé le petit déjeuner ensemble.

L'après-midi:
Sandra et moi, nous avons pris l'autobus pour aller au centre-ville.
Nous avons fait du lèche-vitrine.
Sandra a acheté un blue jean.
Nous avons rencontré Laurent, le petit ami de Sandra.

Le soir:
Nous avons dîné au MacDo. J'ai mangé un hamburger et j'ai bu un Coca.
Nous avons regardé un film d'horreur à l'Odéon
Nous avons pris le taxi pour rentrer à la maison

APPRENEZ L'ESSENTIEL

Trois verbes irréguliers PRENDRE, BOIRE, FAIRE

– **Je prends** une douche .... **J'ai pris** une douche
– **Je bois** un Coca .... **J'ai bu** un Coca.
– **Je fais** la grasse matinée ... **J'ai fait** la grasse matinée.

INVITATION AU FRANÇAIS

Ecrivez

A Use Nicole's diary to write a page of your own diary for last Saturday.

Mention **at least** sleeping late, playing a sport, doing your homework, visiting a friend, watching a film and listening to music. Say when you did these activities and who was with you.

B Write what they did in all these places.

1.  Qu'est-ce que tu as fait à la piscine?
   _____

2.  Qu'est-ce que tu as fait dans le magasin de vêtements?
   _____

3.  Qu'est-ce que tu as fait dans la cuisine?
   _____

4.  Madame Moreau, qu'est-ce que vous avez fait au centre sportif?
   _____

5.  Monsieur Cartier, qu'est-ce que vous avez fait samedi soir?
   _____

6.  Les enfants, qu'est-ce que vous avez fait à la disco?
   _____

J'AI ORGANISÉ UNE BOUM

ON S'AMUSE

1 Match the two halves of each sentence to discover the missing word.

1 Vendredi, j'ai célébré　　　　　　E – un gros gâteau au chocolat.
2 Ma sœur Catherine a préparé　　　Ç – bu du Champagne.
3 Nous avons mangé un bon repas et　O – la grasse matinée jusqu'à midi.
4 Dimanche matin j'ai fait　　　　　I – à une boum samedi soir.
5 J'ai invité mes copains et copines　S – la maison à minuit.
6 Mes invités ont quitté　　　　　　R – mon anniversaire avec ma famille.

1	2	3	4	5	6

2 Use the highlighted letters to discover another missing word.

1　J'ai célébré mon **13** – ☐ – – – – – – – anniversaire dimanche dernier.

2　J'ai soufflé toutes les 🕯️ – – – – – ☐ – sur mon gâteau.

3　Paul est 🧑‍🍳 – – – ☐ – – de café. Il travaille derrière le bar.

4　Nous avons bu une 🍾 – – ☐ – – – – – – de Champagne.

The two hidden words in ① and ② are the present tense and the past participle of the verb RECEVOIR. Decide which of these two words should go in the gaps in the following letter.

> Grenoble, le 13 mars.
>
> Chère Martine,
> 　J'ai _____ ton cadeau d'anniversaire hier et je t'en remercie. La montre est très jolie et la carte postale est très drôle. J'ai bien rigolé.
> 　Je _____ toujours des livres et des vêtements à la maison, mais cette année, j'ai _____ une bicyclette et elle est fantastique! Quelle est la date de ton anniversaire?
> 　　　　　　Amitiés, David.

INVITATION AU FRANCAIS

LA FÊTE NATIONALE

JE M'APPELLE HENRI

En ce moment, je suis en vacances chez ma tante Jeanne qui habite à Paris. Elle est propriétaire d'un magasin de mode sur l'avenue des Champs-Elysées. Elle habite un appartement au-dessus du magasin. Samedi dernier, c'était le Quatorze Juillet, à 10 heures du matin, nous avons ouvert les fenêtres et nous avons attendu le passage du défilé militaire. J'ai vu le Président de la République passer dans sa voiture. Le défilé a commencé à 11 heures à l'Arc de Triomphe, et il a descendu les Champs-Elysées. Nous avons vu la cavalerie, la Gendarmerie, la Garde Nationale, les parachutistes et la Légion Etrangère. Le défilé a fini à midi. Après, nous avons regardé les touristes se promener sur l'Avenue, et à midi et demi, nous avons fermé les fenêtres pour manger le déjeuner.

Le soir, nous avons écouté un concert de musique populaire sur la Place de la Concorde. J'ai dansé avec mes copines Antoinette et Danielle. A minuit, nous avons regardé le feu d'artifice.

c'était – *it was*
le défilé – *the parade*

Répondez

1. Where is Henri spending his holidays?
2. What is Jeanne's occupation?
3. Why was last Saturday a special day?
4. Whom did Henri see at the front of the parade?
5. What did Henri do between 12.00 and 12.30?
6. What did he do in the evening on the Place de la Concorde?
7. What happened at midnight?

Liste des verbes irréguliers au Present Simple

Aller To go   Je vais / tu vas / il va / nous allons / vous allez / ils vont
Appeler To call   J'appelle / tu appelles / il appelle / nous appelons / vous appelez / ils appellent
S'asseoir To sit down   Je m'assieds / tu t'assieds / il s'assied / nous nous asseyons / vous vous asseyez / ils s'asseyent

Avoir To have   J'ai / tu as / il a / nous avons / vous avez / ils ont
Battre To beat   Je bats / tu bats / il bat / nous battons / vous battez / ils battent
Boire To drink   Je bois / tu bois / il boit / nous buvons / vous buvez / ils boivent
Conduire To drive   Je conduis / tu conduis / il conduit / nous conduisons / vous conduisez / ils conduisent
Connaître To know (somebody)   Je connais / tu connais / il connaît / nous connaissons / vous connaissez / ils connaissent
Courir To run   Je cours / tu cours / il court / nous courons / vous courez / ils courent
Croire To believe   Je crois / tu crois / il croit / nous croyons / vous croyez / ils croient
Descendre To go down   Je descends / tu descends / il descend / nous descendons / vous descendez / ils descendent
Devoir To have to   Je dois / tu dois / il doit / nous devons / vous devez / ils doivent
Dormir To sleep   Je dors / tu dors / il dort / nous dormons / vous dormez / ils dorment
Ecrire To write   J'écris / tu écris / il écrit / nous écrivons / vous écrivez / ils écrivent
Etre To be   Je suis / tu es / il est / nous sommes / vous êtes / ils sont
Faire To do   Je fais / tu fais / il fait / nous faisons / vous faites / ils font
Lire To read   Je lis / tu lis / il lit / nous lisons / vous lisez / ils lisent
Mettre To put   Je mets / tu mets / il met / nous mettons / vous mettez / ils mettent
Ouvrir To open   J'ouvre / tu ouvres / il ouvre / nous ouvrons / vous ouvrez / ils ouvrent
Partir To leave   Je pars / tu pars / il part / nous partons / vous partez / ils partent
Peindre To paint   Je peins / tu peins / il peint / nous peignons / vous peignez / ils peignent
Plaire To please   Je plais / tu plais / il plaît / nous plaisons / vous plaisez / ils plaisent
Pleuvoir To rain   Il pleut
Pouvoir To be able   Je peux / tu peux / il peut / nous pouvons / vous pouvez / ils peuvent
Prendre To take   Je prends / tu prends / il prend / nous prenons / vous prenez / ils prennent
Revecoir To receive   Je reçois / tu reçois / il reçoit / nous recevons / vous recevez / ils reçoivent
Rire To laugh   Je ris / tu ris / il rit / nous rions / vous riez / ils rient
Savoir To know (a fact)   Je sais / tu sais / il sait / nous savons / vous savez / ils savent
Se sentir To feel   Je me sens / tu te sens / il se sent / nous nous sentons / vous vous sentez / ils se sentent
Servir To serve   Je sers / tu sers / il sert / nous servons / vous servez / ils servent
Sortir To go out   Je sors / tu sors / il sort / nous sortons / vous sortez / ils sortent
Venir To come   Je viens / tu viens / il vient / nous venons / vous venez / ils viennent
Voir To see   Je vois / tu vois / il voit / nous voyons / vous voyez / ils voient
Vouloir To want   Je veux / tu veux / il veut / nous voulons / vous voulez / ils veulent

Lexique

A

à – *at / to*
un abricot – *an apricot*
absolument – *absolutely*
accueillir – *to welcome*
acheter – *to buy*
une activité – *an activity*
adorer – *to love*
un aéroport – *an airport*
un âge – *an age*
un agent de police – *a policeman*
un agneau – *a lamb*
de l'agneau – *lamb's meat*
un agriculteur – *a farmer*
aider – *to help*
de l'ail – *garlic*
aimer – *to love / to like*
allemand – *German*
aller – *to go*
allumer – *to light / switch on*
un ami / une amie – *a friend*
l'amour – *love*
amusant-e – *amusing*
s'amuser – *to enjoy oneself*
un an – *a year*
un âne – *a donkey*
anglais – *English*
un animal (des animaux) – *an animal*
une année – *a year*
un anniversaire – *a birthday*
août – *August*
à l'appareil – *on the phone*
un appartement – *a flat*
s'appeler – *to be named*
applaudir – *to applaud / to clap*
apporter – *to bring*
apprendre – *to learn*
après – *after*
un après-midi – *an afternoon*
un arbre – *a tree*
de l'argent – *some money*
un arrêt d'autobus – *a bus stop*
avant – *before*
arriver – *to arrive*
un ascenseur – *a lift*
s'asseoir – *to sit down*
assez – *enough*
attendre – *to wait*
(faire) attention – *to pay attention*
une auberge de jeunesse – *a youth hostel*
au-dessous de – *below*
au-dessus de – *above*
aujourd'hui – *today*
aussi – *also*
une auto – *a car*
un automne – *autumn*
autre – *other*
un avocat – *a solicitor*
avoir – *to have*
en avance – *too early*
avril – *April*

B

le Baccalauréat – *Leaving Cert*
une baguette – *a French stick of bread*
un bain – *a bath*
un baladeur – *a Walkman*
une bande – *a gang*
une banque – *a bank*
une banlieue – *a suburb*
une barbe – *a beard*
des baskets – *boot / runners*
un bateau – *a boat*
une batterie – *a set of drums*
bavard-e – *talkative*
bavarder – *to chat*
beau / belle – *beautiful*
un bébé – *a baby*
du beurre – *butter*
une bicyclette – *a bicycle*
bien – *well*
de la bière – *beer*
un bifteck – *a steak*
un bistrot – *a pub*
bleu-e – *blue*
blanc-he – *white*
blanchir – *to turn white*
du boeuf – *beef*
boire – *to drink*
une boisson – *a drink*
une boite – *a box / a tin-can*
bon-ne – *good*
un bonbon – *a sweet*
un bonhomme (de neige) – *a snowman*
un bonnet – *a bonnet*
bonsoir – *good evening*
un bord – *a side*
une botte – *a boot / a bunch*
un boucher – *a butcher*
une boucherie – *a butcher's shop*
une bougie – *a candle*
un boulanger – *a baker*
une boulangère – *a baker's wife*
une boulangerie – *a bakery*
une boule – *a ball (a scoop of ice cream)*
une boum – *a party*
un bout – *a piece / an end*
une bouteille – *a bottle*
une boutique – *a shop*
la Bretagne – *Brittany*
breton-ne – *breton*
le Brevet – *Junior Cert*
bricoler – *DIY*
briller – *to shine*
bronzé-e – *suntanned*
brosser – *to brush*
une brosse – *a brush*
le brouillard – *fog*
brun-e – *brown*
un bureau – *an office / a desk*

C

un cadeau – *a present*
un café – *a coffee / a pub*
un cahier – *a copybook*
une calculatrice – *a calculator*
la campagne – *the countryside*
un camion – *a lorry*
un canard – *a duck*
une canette – *a can*
un carrefour – *a crossroads*
un cartable – *a schoolbag*
une carte – *a card*
une casquette – *a cap*
une cave – *a cellar*
ce / cet / cette – *this*
célébrer – *to celebrate*
un centre – *a centre*
une cerise – *a cherry*
ces – *these*
le ciel – *the sky*
la circulation – *the traffic*
des ciseaux – *a pair of scissors*
un citron – *a lemon*
un chalet – *a chalet*
une chambre – *a bedroom*
un champignon – *a mushroom*
de la chance – *luck*
chanter – *to sing*

Lexique

un chapeau – *a hat*
un charcutier – *a pork butcher*
une charcuterie – *a pork butcher's shop*
un chariot – *a trolley*
charmant-e – *charming*
du charbon – *coal*
un chat – *a cat*
un château – *a castle*
chaud – *warm / hot*
le chauffage central – *central heating*
un chauffeur – *a driver*
une chaumière – *a cottage*
des chaussettes – *socks*
des chaussures – *shoes*
une cheminée – *a fireplace*
une chemise – *a shirt*
cher / chère – *dear*
chercher – *to look for / to fetch*
un cheval (des chevaux) – *a horse*
les cheveux – *hair*
une chèvre – *a goat*
chez – *at / to the house of . . .*
un chien – *a dog*
la chimie – *chemistry*
chinois-e – *Chinese*
choisir – *to choose*
un chou – *a cabbage*
chouette! – *great!*
un-e client-e – *a customer*
une cloche – *a bell*
un cochon – *a pig*
un coiffeur / une coiffeuse – *a hair dresser*
un coin – *a corner*
une collection – *a collection*
collectionner – *to collect*
un collège – *a junior secondary school*
combien (de) – *how many*
commencer – *to start*
comment – *how*
comprendre – *to understand*
compris-e – *understood / included*
compter – *to count*
un-e concierge – *a caretaker*
conduire – *to drive*
de la confiture – *jam*
content-e – *glad*
contre – *against*
un copain / une copine – *a pal*

un coq – *a cock*
un-e correspondant-e – *a pen-pal*
un corsage – *a blouse*
un costume – *a suit of clothes*
une côte – *a coast / a chop*
se coucher – *to go to bed*
une couleur – *a colour*
couper – *to cut*
une cour – *a courtyard*
courageux / courageuse – *courageous*
un cours – *a class / a* course
(faire des) courses – *shopping*
un-e cousin-e – *a cousin*
une cravate – *a necktie*
un crayon – *a pencil*
de la crème – *cream*
une crêpe – *a pancake*
crier – *to shout*
croire – *to believe*
des crudités – *fresh vegetables*
un cuisiner – *a chef / a cook*
cultiver – *to cultivate*
(faire du) cyclisme – *cycling*

D

d'accord – *agreed*
dangereux / dangereuse – *dangerous*
dans – *in*
danser – *to dance*
une date – *a date (day-month)*
un dauphin – *a dolphin*
de – *of / from*
debout – *up / standing*
décembre – *December*
décorer – *to decorate*
un défilé – *a parade*
un degré – *a degree of temperature*
déjà – *already*
(un) déjeuner – *(a) lunch*
délicieux / délicieuse – *delicious*
un demi / une demie – *a half*
démolir – *to demolish*
une dent – *a tooth*
du dentifrice – *toothpaste*
se dépêcher – *to hurry up*
dernier / dernière – *last*
derrière – *behind*
des – *of the / from the / some (+ plural noun)*

descendre – *to go down*
se déshabiller – *to undress*
un dessert – *a dessert*
un dessin – *a drawing*
dessiner – *to draw*
détester – *to dislike*
devant – *in front*
devoir – *must / to have to*
(faire des) devoirs – *homework*
dévorer – *to devour*
d'habitude – *usually*
difficile – *difficult*
dimanche – *Sunday*
une dinde – *a turkey*
le dîner – *supper*
donner – *to give*
une douche – *a shower (bath)*
d'où – *where from*
une douzaine – *a dozen*
(à) droite – *(to the) right*
drôle – *funny*
du – *of the / some (+ masc noun)*
durer – *to last*

E

de l'eau – *water*
un échange – *an exchange*
une écharpe – *a scarf*
(jouer aux) échecs – *chess*
un éclair – *a bolt of lightning*
une école – *a school*
écouter – *to listen*
écrire – *to write*
effacer – *to erase*
une église – *a church*
un élève – *a pupil*
en – *in*
en face de – *opposite*
un enfant unique – *an only child*
un électricien – *an electrician*
élever – *to raise / to bring up / to breed*
elle / elles – *she / they*
enlever – *to remove / to take off*
s'ennuyer – *to be bored*
énorme – *enormous*
enseigner – *to teach*
ensemble – *together*
s'entraîner – *to train*
entre – *between*

Lexique

entrer – *to enter / to come in*
un épicier / une épicière – *a grocer*
une épicerie – *a grocer's shop*
une équipe – *a team*
(faire de) l'équitation – *horse-riding*
escalader – *to climb*
un escalier – *stairs*
l'Espagne – *Spain*
espérer – *to hope*
essayer – *to try*
de l'essence – *petrol*
l'est – *the east*
Est-ce que – *(introduces a question)*
et – *and*
un étage – *a floor*
un été – *summer*
être – *to be*
éteindre – *to switch off / put out (fire)*
étudier – *to study*
un examen – *an exam*
une explication – *an explanation*
une exposition – *an exhibition*

F
facile – *easy*
faire – *to do / to make*
une famille – *a family*
fatigué-e – *tired*
(il me) faut – *I need / it is necessary for me*
favori-te – *favorite*
une femme – *a woman / a wife*
une fenêtre – *a window*
une ferme – *a farmhouse*
fermé – *closed*
fermer – *to close*
un feu – *a fire*
un feu d'artifice – *fireworks*
février – *February*
fidèle – *faithful*
une fille – *a girl / a daughter*
un fils – *a son*
la fin – *the end*
finalement – *finally*
fini-e – *finished*
finir – *to finish*
une fleur – *a flower*
une flûte – *a flute*

une fois – *one time / once*
une forêt – *a forest*
frais / fraîche – *fresh / cool*
une fraise – *a strawberry*
une framboise – *a raspberry*
un-e français-e – *a French person*
un-e francophone – *a French-speaking person*
un frère – *a brother*
des frites – *chips*
froid-e – *cold*
du fromage – *cheese*
une frontière – *a border*
un fruit – *a fruit*
fumé-e – *smoked*

G
le gaélique – *the Irish language*
un gant – *a glove*
un garçon – *a boy / a waiter*
une gare – *a railway station*
un gâteau (des gâteaux) – *a cake*
à gauche – *to the left*
geler – *to freeze*
généreux / généreuse – *generous*
gentil-le – *nice / kind / gentle*
une gerboise – *a gerbil*
un gigot d'agneau – *a leg of lamb*
de la glace – *ice / ice cream*
une gomme – *a rubber*
une gorge – *a throat*
grand-e – *tall / large*
grandir – *to grow tall*
une grand-mère – *a grandmother*
un grand-père – *a grandfather*
(faire la) grasse matinée – *to sleep late*
de la grêle – *hail*
un grenier – *an attic*
gros-se – *big / fat*
une guitare – *a guitar*

H
s'habiller – *to dress oneself*
habiter – *to live (in)*
un hamster – *a hamster*
un haricot – *a bean*
une heure – *an hour*

l'heure – *the time*
heureux / heureuse – *happy*
hier – *yesterday*
l'histoire – *history*
une histoire – *a story*
historique – *historical*
un hiver – *winter*
un homme – *a man*
un hôpital – *a hospital*
une horloge – *a clock*
un hors-d'oeuvre – *a starter (for a meal)*
un hôtel – *a hotel*
un hymn – *an anthem*

I
ici – *here*
une idée – *an idea*
un immeuble – *a block of flats*
un imperméable – *a raincoat*
un ingénieur – *an engineer*
interdit-e – *forbidden*
intéressant-e – *interesting*
s'intéresser à – *to be interested in*
(un journal) intime – *a diary*
une invitation – *an invitation*
inviter – *to invite*
l'Irlande – *Ireland*
un-e irlandais-e – *an Irish person*
il / ils – *he / they*
il y a – *there is / there are*
un-e italien-ne – *an italian person*

J
du jambon – *ham*
janvier – *January*
un jardin – *a garden*
(faire le) jardinage – *gardening*
un jardinier – *a gardener*
jeune – *yellow*
jaunir – *to turn yellow*
je – *I*
un jeu (des jeux) – *a game*
jeudi – *Thursday*
jeune – *young*
la jeunesse – *youth*
jouer – *to play*
joli-e – *pretty*
un jour – *a day*
un journal (des journaux) – *newspaper*

Lexique

juillet – *July*
juin – *June*
une jupe – *a skirt*
du jus – *juice*
jusqu'à – *until / as far as*

L

un lac – *a lake*
du lait – *milk*
un lapin – *a rabbit*
se laver – *to wash oneself*
le / la / l' / les – *the*
(faire du) lèche-vitrine – *window-shopping*
une leçon – *a lesson*
la lecture – *reading*
(faire la) lessive – *the laundry*
une lettre – *a letter*
se lever – *to get up*
leur / leurs – *their*
libre – *free*
lire – *to read*
un lit – *a bed*
un livre – *a book*
une livre – *a pound*
loin de – *far from*
des loisirs – *leisure time*
long-ue – *long*
louer – *to hire*
une luge – *a sleigh*
lundi – *Monday*
des lunettes – *glasses*

M

Madame – *Mrs / Madam*
Mademoiselle – *Miss*
un magasin – *a shop*
un magazine – *a magazine*
magnifique – *magnificent*
mai – *May*
un maillot de bain – *a bathing suit*
une main – *a hand*
maintenant – *now*
une maison – *a house*
une mairie – *a town hall*
un maître – *a master*
mal – *badly*
malheureusement – *unfortunately*
manger – *to eat*
un manteau – *a coat*
manquer – *to miss*
un maquereau – *a mackerel*

se maquiller – *to put on make-up*
un marché – *a market*
marcher – *to walk*
mardi – *Tuesday*
un mari – *a husband*
marron – *dark brown*
mars – *March*
une matière – *a subject*
un matin – *a morning*
mauvais – *bad*
un mécanicien – *a mechanic*
méchant – *bold / vicious / nasty*
(faire le) ménage – *housework*
une mer – *a sea*
une mère – *a mother*
merci – *thank you*
mercredi – *Wednesday*
la météo(rologie) – *weather forecast*
mettre – *to put (on)*
midi – *midday*
du miel – *honey*
un mineur – *a minor*
minuit – *midnight*
une mobylette – *a moped*
moi – *me*
moins – *minus / to (on the clock)*
un mois – *a month*
la mode – *fashion*
mon / ma / mes – *my*
(tout) le monde – *everybody*
Monsieur – *Sir / Mister*
une montagne – *a mountain*
monter – *to go up*
une montre – *a watch*
la monnaie – *change*
un morceau – *a piece*
un moteur – *an engine*
une moto – *a motorcycle*
de la moutarde – *mustard*
un mouton – *a sheep*
du mouton – *mutton*
un musée – *a museum*
un-e musicien-ne – *a musician*
la musique – *music*

N

nager – *to swim*
la natation – *swimming*
naturellement – *naturally*

né-e – *born*
ne . . . pas – *not*
Noël – *Christmas*
noir-e – *black*
une noisette – *a hazelnut*
un nom – *a name*
non – *no*
le nord – *the north*
un-e normand-e – *a person from Normandy*
un-e norvégien-ne – *a Norwegian*
notre / nos – *our*
nous – *we / us*
nouveau / nouvelle – *new*
novembre – *November*
nu-e – *naked*
une nuit – *a night*

O

obligatoire – *compulsory*
octobre – *October*
un oeuf – *an egg*
une oie – *a goose*
un oignon – *an onion*
un oiseau (des oiseaux) – *a bird*
on – *one (anybody)*
un oncle – *an uncle*
un orage – *a storm*
organiser – *to organise*
où (est-ce que) – *where*
oublier – *to forget*
l'ouest – *the west*
oui – *yes*
ouvert-e – *open*
ouvrir – *to open*

P

du pain – *bread*
un panier – *a basket*
un pantalon – *trousers*
Pâques – *Easter*
parce que – *because*
un parent – *a parent*
du parfum – *perfume*
se parfumer – *to put on perfume*
parisien-ne – *Parisian*
parler – *to speak / to talk*
partager – *to share*
partir – *to leave*
un passe-temps – *a hobby*
une pastille – *a tablet*